列島の戦国史6

毛利領国の拡大と尼子・大友氏

池　享

吉川弘文館

刊行のことば

関東の享徳の乱（一四五四年～）、京都を中心とする応仁・文明の乱（一四六七年～）に始まり、大坂夏の陣（一六一五年）をもって終結するとされる戦国時代は、日本史上最も躍動感にみなぎる時代であり、多くの人々の関心を集めている。NHK大河ドラマの舞台の圧倒的多数がこの時代であるのは、その証左といえよう。そこでは、さまざまな英雄が登場し、戦乱を乗り越え時代を切り開いていった姿が描かれている。

甲斐の武田信玄が定めた「甲州法度之次第」で、「天下」は「戦国」なのだから、すべてに優先して武道に励み武具を用意することが肝要だとされているように、戦国時代はまさに戦乱がうち続く世の中だった。それでは、なぜそのような世の中になったのだろうか？ ふつう思い浮かぶのは、足利幕府が弱体化し権威が失墜したため、実力がものを言う分裂抗争が広まったということだろう。その勝者が戦国大名となって群雄割拠の時代を迎え、「天下」をめぐる争いの末、徳川氏が勝利を収め太平の世を生み出したとされるのである。こうした考え方は、新井白石の

『読史余論』や頼山陽の『日本外史』などでも示される、江戸時代以来の通説であり、今日に至るまで強い影響力を有しているといえる。

しかしこれだけなら、単に全国政権が足利幕府から徳川幕府に変わり、社会は平和を回復したということで終わってしまう。実際には、足利幕府と徳川幕府はともに武家政権だが、その支配のやり方は大きく違っていた。たとえば、検地や宗門改を通じて全国の土地や住民を把握することなど、足利幕府も含め中世の国家権力が行ったことはなかった。それだけ、国家による社会や民衆の掌握・管理が強化されたのである。戦国争乱は、そうした新しい政治秩序を生み出すための胎動でもあった。しかもそれは、支配者側の意図によってだけでなく、受け入れる社会の側の変化を基礎としてもたらされたものだった。だから、戦国争乱の意味を理解するためには、英雄たちの動きだけでなく、社会のあり方にまで視野を広げる必要がある。しかもその社会は、民衆が日々の暮らしを営む在地から、海を通じて日本列島と結ばれていた東アジアまでの広がりをもっていたのである。

こうした考えに基づいて、「列島の戦国史」シリーズでは以下に示す編集方針がとられている。まず時間軸として、対象時期を四段階に区分し、それぞれの時期の争乱の特徴を明らかにすることである。第一段階は十五世紀後半で、足利幕府の全国支配は動揺するが、享徳の乱にしても応仁・文明の乱にしても、幕府支配体制の内部抗争という性格をもっている。第二段階は十六世紀前半で、管領細川政元が将軍足利義材（義稙）を廃した明応の政変（一四九三年）を契機に、幕府の全国支配は崩れ、各地で守護の家督騒動や守護代の「下剋上」など、新秩序建設をめぐる覇権争いが展開する。第三段階は十六世紀後半で、東の河越合戦（一五四六年）・西の厳島合戦（一五五五年）における、北条氏・毛利氏という新興勢力の勝利に象徴される地域覇権争いの基本的決着をうけて、その覇者である戦国大名同士の領土紛争（「国郡境目相論」）が展開する。十六世紀末へ向かう時期には、中央で生まれた織田・豊臣権力が各地の戦国大名と敵対・連携し、最終的には小田原合戦の勝利（一五九〇年）により全国制覇（「天下統一」）を達成する。第四段階は十七世紀初頭で、新たな全国政権の主導権をめぐる争いが展開し、徳川氏の勝利で決着する。

また空間軸として、京都や畿内を中心にとらえることなく各地域社会の動向を重視し、一方で周辺の東アジア地域の動向にも目を配ることである。前者については、近年、享徳の乱と応仁・文明の乱の連動性が注目されているように、一方的に中央の政治動向が地方に影響を及ぼすというものではなく、地方には独自の政治状況が存在し、かつそれが中央の状況とも関わって進行していくという、いわば双方向的関係があったことを重視したい。織豊権力による全国制覇の過程も、「惣無事」の強制のような服従の押しつけとして描くのではなく、受け入れる地方の側の対応やその背景にも目を配ることが大切である。したがって、地域社会の政治・経済・文化の状況や、それらを踏まえた戦国大名の領国統治の理解が欠かせず、十分にページを割くこととなった。なお、各巻で同じ事柄について異なる見解・評価が示されていることもあるが、執筆者各自の考えを尊重し、あえて一致させていないことをお断りしておく。

本シリーズを通読されることにより、史上まれに見る社会変動期であった戦国時代を、総合的に理解していただければ幸いである。

二〇二〇年三月十五日

企画編集委員
池　享
久保健一郎

目　次

厳島合戦前夜の西日本――プロローグ

中国地方二大勢力の激突

本巻が対象とするのは、十六世紀後半の西日本である。この時期の西日本では、中国地方の毛利氏、四国の長宗我部氏、北九州の大友氏、南九州の島津氏などが領国を形成し、お互いの間で「国郡境目相論」と称される領土紛争を展開していた。こうした動向には各種紛争の頻発という前提があり、またそれは、豊臣政権による全国的政治統合に帰結した。そこで、本論に入る前に前提となる状況を確認しておこう。

中国地方では、周防（山口県東部）の大内氏と出雲（島根県東部）の尼子氏間の抗争が最終局面を迎えていた。大内氏は、東アジア交易の要港博多を支配下に置き、対明貿易（勘合貿易）の許認可権を握る足利将軍との関係を重視していた。そのため、応仁の乱以来の畿内の政争とも深く関わり、明応の政変後は大内義興が足利義稙を擁して十年間にわたり京都支配に参与した。京極氏から出雲支配権を奪い勢力を蓄えていた尼子経久は、その隙を突いて安芸（広島県西部）・備後（広島県東部）や石見（島根県西部）の国衆たちを味方に取り込み、安芸西部の守護武田氏までも大内方から尼子方に転じた。こ

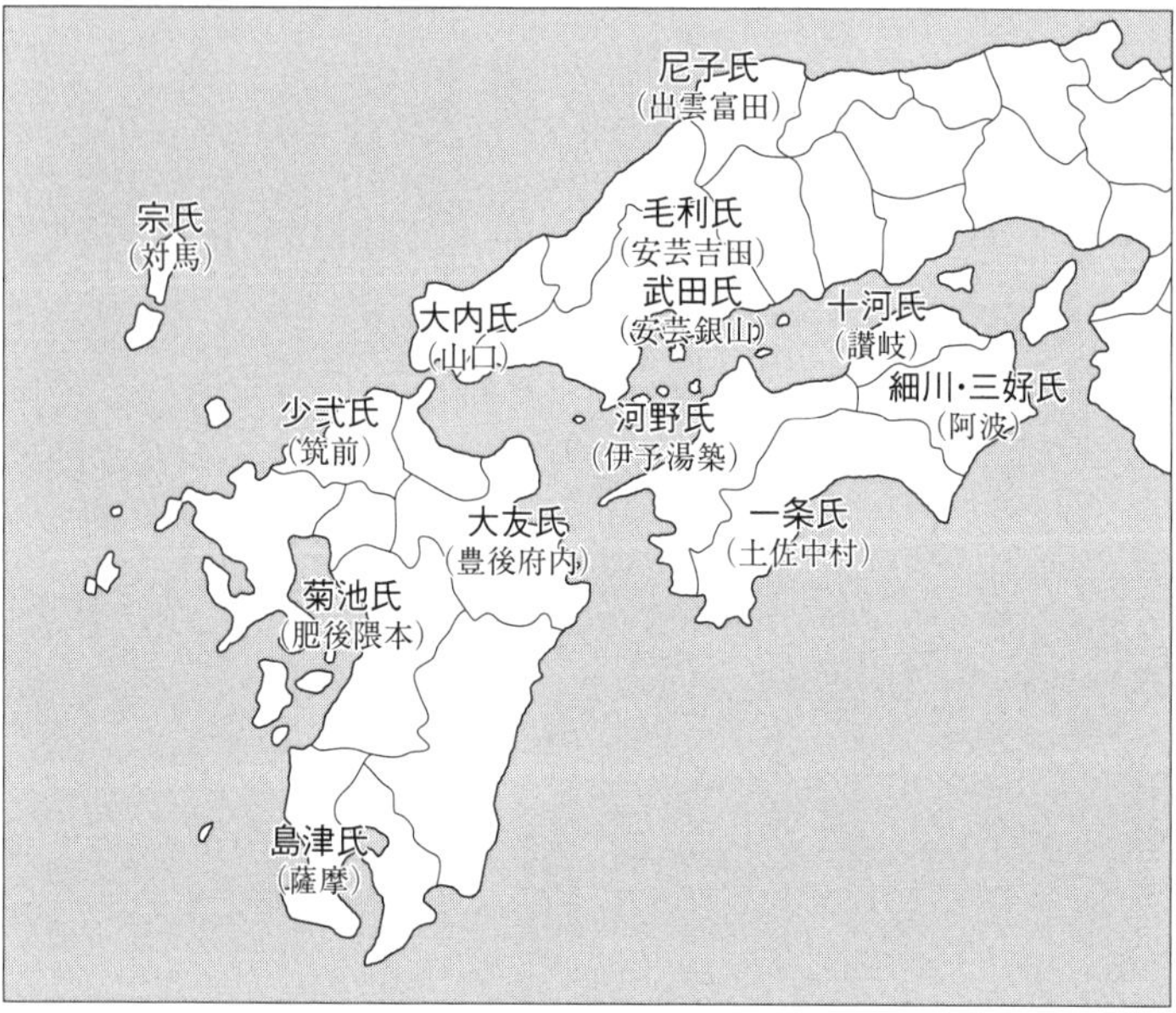

1—16 世紀前半の西日本勢力図

2—安 芸 郡 山 城

れを危惧した義興は、永正十五年（一五一八）に帰国して勢力回復をはかったが、かえって国衆たちの反発を招くなどして、決着は容易につかなかった。

情勢が大きく動くきっかけは、安芸高屋保（東広島市）を本拠とする国衆平賀氏の内紛だった。弘保・興貞親子が大内方と尼子方に分裂し、天文九年（一五四〇）には武力衝突に発展、支援のために両者が大軍を派遣することになったのである。安芸国衆毛利氏を主力とする大内方の援軍が勝利をおさめると、尼子経久の孫晴久が兵三万を率いて毛利氏の本拠郡山城（広島県安芸高田市）を包囲した。これに対し、大内義興の嫡子義隆も重臣陶隆房を大将に一万の兵を救援に送り、翌年の正月に両軍は激突した。その結果、尼子方が大敗を喫して退却、あおりを受けて武田氏は滅亡、安芸・備後の尼子方は雪崩を打って大内方に転向した。

しかも、直後に尼子氏の発展をリードしてきた経久が死去、大内義隆はチャンス到来とばかり天文十一年出雲に侵攻、尼子氏の本拠富田月山城（島根県安来市）を包囲して力攻めに出た。しかし尼子氏が頑強に抵抗すると、従軍した国衆から寝返る者が続出し、撤退を余儀なくされた。その途上に、土佐（高知県）一条氏から迎えた養嗣子の晴持が、乗船の転覆により溺死する悲劇も起きた。これよりのち、義隆は政治・軍事に消極的となり、京都下りの公家・文人と遊芸にふけるようになったとされる。

守護家の内訌

伝統的守護家のなかでは、内紛が絶えなかった。豊後（大分県中南部）の大友家では前当主の政親と嫡子義右の間で対立が生じ、明応五年（一四九六）に両者とも亡く

3―大友氏系図

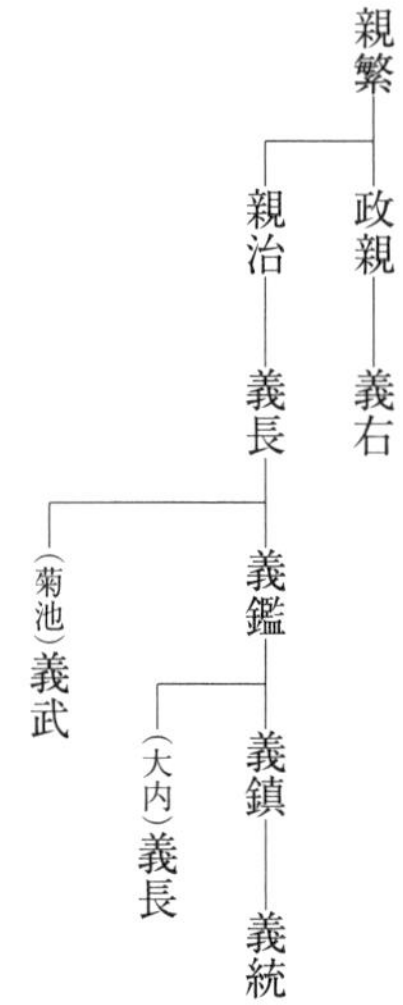

なるという大事件が起きた。対立の原因の一つに、義右が妻の実家である大内氏との結びつきを強めたことがあり、跡を継いだ政親の弟親治は、大内氏との対決姿勢を強めて事態の収拾にあたった。これでいったんは落ち着き、義長・義鑑と嫡子の家督相続が続いたが、天文十九年（一五五〇）に再び大事件が勃発した。義鑑が嫡子義鎮（のちの大友宗麟）を廃し異母弟の塩市丸に家督を継がせようと重臣四人に相談したところ、反対されて二人を殺害したが、逃れた二人により致命傷を負わされ、死の床で義鎮に家督を譲ることとなったのである。義鑑が襲われた場所が大友館の二階だったことから、「大友氏二階崩れの変」と呼ばれている。

薩摩（鹿児島県西部）の島津氏では、本宗家の地位をめぐり一族間の抗争が続くなかで、応永年間（十四世紀末〜十五世紀前半）からは奥州家が、その地位と薩摩・大隅（鹿児島県東部）・日向（宮崎県）の守護職を確保していた。しかし、応仁の乱中に薩州家・豊州家が反乱を起こし、国衆の新納・渋谷・禰寝氏らも一揆を結んで反抗したため、永正五年（一五〇八）には当主忠昌が自殺に追い込まれた。こうして奥州家が衰えるなか、薩州家の実久が後ろ盾となって支えたが、それを嫌った当主忠兼（勝久）は、大永六年（一五二六）伊作・相州家の貴久を養子に迎えた。しかし、実久の反発にあって忠兼は島津家家督に復帰し、再び実久が実権を握ることとなった。そこで忠兼は貴久との提携に踏み切り、貴久は天文八年の合戦で実久の軍を破った。ここに貴久は一族から本宗家の地位を認められることとなった。

伊予（愛媛県）の河野氏では、通堯の息子の代から惣領家と予州家に分かれ対立が続いていたが、応仁の乱以後は惣領家の優位が確立した。永正十六年に家督についた弾正少弼通直は、娘婿の来島通康の支えを受けて大内氏と対抗する路線をとったが、反発する重臣たちは息子の晴通を擁し、天文十一年に本拠の湯築城（愛媛県松山市）から通直を放逐した。通直は来島城（愛媛県今治市）に逃れたが、晴通が早世したため翌年に復帰した。しかし重臣たちとの対立は解消されず、晴通の弟通賢（通宣）が跡を継ぎ、やがて大内氏との講和を成立させた。

守護家の内訌は西日本だけでなく、天文五年に起きた駿河（静岡県東部）の今川家の家督争い（「花倉の乱」）や、天文十年に甲斐（山梨県）の武田家で起きた晴信による父信虎の追放など、東日本においてもみられた。北九州・四国の場合は大内氏との関係が大きな要素だったが、東日本の場合もお互い同士や小田原北条氏など近隣の地域権力との関係が問題

4—島津氏系図（＝は養子）

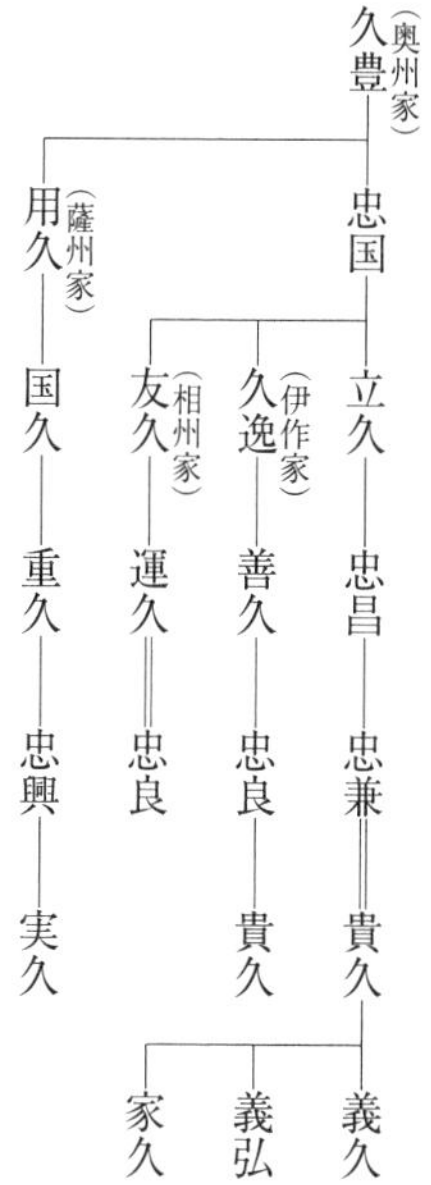

5―河野氏系図（＝は養子）

通堯―通義（惣領家）―通久―教通―通宣（刑部大輔）―通直（弾正少弼）＝晴通
　　　　　　　　　　　　　　　　　　　　　　　　　　　　＝通宣（左京大夫）＝通直（牛福丸）
　　―通之（予州家）―通元―通春―通篤―通存―晴通
　　　　　　　　　　　　　　　　　　　　　　―通宣

となっていた。「お家騒動」はいつでもあるが、これらには、応仁の乱・明応の政変という室町幕府体制の動揺・解体から、新しい地域秩序の形成に向かう流れのなかでの、選択肢をめぐる争いという時代的特徴があったのである。

旧勢力の後退

こうした流れのなかで、抗争に勝ち抜き新たな秩序形成を主導する戦国大名が誕生することになるが、一方で、その流れに乗れず没落する者もいた。北九州では、鎌倉期以来大宰少弐を世襲し、筑前（福岡県西部）・肥前（佐賀県・長崎県）・対馬（長崎県島嶼部）などの守護職を兼帯していた少弐氏や、肥後（熊本県）を拠点に南朝方として長く活動し、肥後守護ともなった菊池氏が代表といえる。

少弐氏は大内氏により筑前を追われていたが、応仁の乱で大内政弘が軍勢を率いて上洛した隙を突いて、少弐政資が逃亡先の対馬から攻め入り筑前回復に成功した。しかし、政弘が帰国すると再び筑前を追われ、肥前を本拠に勢力回復をはかったが、明応六年（一四九七）大内義興の追討軍に大敗を喫し政資は自殺に追い込まれた。なおも末子資元が大友氏を頼って再興に努めたが、天文五年（一五三六）大宰大弐に就任し、少弐氏を上回る名分を得た大内義隆が攻勢を強め、資元が自害して少弐氏は実質的に滅亡した。

菊池氏では、文亀元年（一五〇五）に守護だった菊池能運を家臣たちが放逐し、能運の大叔父宇土為光を擁立した。能運は肥前有馬氏のもとに逃れ、肥後相良氏や大友氏の援助を受けて翌々年に復帰した。ところが、能運が永正元年（一五〇四）に急死すると、後継に指名されていた庶流の政隆に多くの家臣が従わず、阿蘇大宮司の阿蘇惟長に支援を要請、惟長が家督を継ぎ菊池武経と改名した。政隆方がこれに従わず家督紛争が激化すると、阿蘇氏と姻戚関係にある大友氏が介入してきた。結局、永正十七年、大友義鑑の弟菊法師丸（のちの義武）が菊池氏の家督を継ぐこととなった。

ところが、義武は大内氏と結んで大友氏と敵対するようになる。肥後国内での支持基盤の弱さを、独自の立場を主張することで補おうとしたのかもしれないが、大内氏が少弐氏との戦いに主力を注いでいる隙に大友氏の攻勢を受け、天文四年には和議を結ばざるをえなくなり、義武は有馬氏を頼って肥前に亡命した。「二階崩れの変」によって大友氏が動揺するのをみた義武は、天文十九年三月肥後に戻り隈本城入城を果たした。これを機に、筑後・肥後の国衆による大友方と義武方の抗争が続いたが、大友氏が本格的征討軍を肥後に送り込み八月に隈本城を落とした。義武は城を脱出したものの逃亡先の相良氏に見放され、天文二十三年になって豊後府内に出頭する途上で自害させられた。

明の海禁の破綻

十六世紀東アジア世界の変動は、日本海・東シナ海を通じて朝鮮・中国などとつながる西日本の戦国時代に、多大な影響を与えることとなった。十五世紀東アジアの国際関係は、明王朝が作り出した冊封体制として基本的に成立していた。この体制の下では、明皇帝と君臣関係を結んだ属国の王のみが、朝貢（貢ぎ物を捧げること）という形での来航が許され、民間人の国際交流は禁じる海禁政策がとられていた。その渡航証明書が「勘合（符）」と呼ばれていたので、朝貢にともなう形で展開された貿易のことを「勘合貿易」ともいうのである。

朝貢にはお返しである回賜がつきもので、明王朝はその負担を避けるため回数を制限したが、貿易からは巨利が得られたので、関係者には不満が募っていた。それが爆発したのが大永三年（一五二三）に起きた寧波の乱である。この乱は、細川氏と大内氏が派遣した朝貢船の間で、貿易の順序をめぐって起きたものだったが、明の役人を巻き込む大争乱となったため、明が貿易制限を強化する結果となった。しかし、貿易要求は衰えることなく、密貿易に走る者が続出した。これが「後期倭寇」と呼ばれるものの実体で、浙江・福建の地方長官になった朱紈が大弾圧を加えたが、倭寇とつながる地元有力者の反発を受けて失脚、「嘉靖の大倭寇」と呼ばれる時代を迎えることとなった。東アジアの交流は、もはや国家間の関係が基軸ではなくなり、参加勢力自身の外交・貿易努力が必要となったのである。

この変化による打撃を最も大きく被ったのは、琉球王国（沖縄県・鹿児島県島嶼部）だった。琉球の入貢回数は百七十一回で、二位安南の八十九回さらに日本の十九回にくらべ、群を抜いて多かった。これは、琉球が貿易制限の強い明の裏窓口的役割を果たしていたためで、中継貿易により未曽有の繁栄をみせていた。ところが、密貿易の比重が高まることにより、そうした特権的地位が失われたのである。それにともない、日本の支配層の琉球に対する態度も変わっていった。文明十二年（一四八〇）室町幕府は、応仁の乱により一時途絶えた琉球との外交関係の回復を島津氏に命じた。これを契機に琉球王朝の使節船（「紋船」）が、島津氏の代替わりごとに薩摩に派遣されるようになり、一種の外交関係が形成された。島津氏は薩摩—琉球ルートの貿易の独占をはかり、永正五年（一五〇八）琉球国王に、島津氏の印判を捺した許可証のない貿易船の取り締まりを要求した。さらに永正十三年には、備中（岡山県）の三宅国秀という人物を、琉球遠征を企てているとして坊津（鹿児島県南さつま市）で殺害し、琉球国王に対し島津氏の貿易統制権を認めるよう要求した。こうして島津氏は、琉球に対する圧力を強めていくのである。

一　地域覇権争いの新局面

1　毛利氏の台頭

元就の相続と郡山城攻防戦

「プロローグ」でみたように、十六世紀前半の西日本、特に中国・四国から北九州で政治・軍事動向を主導していたのは大内氏だった。こうした状況が一変するのは、陶隆房（のちの晴賢）による大内義隆への反逆から、厳島合戦・毛利氏の防長征服に至る大内氏の滅亡である。これにより、主導権は毛利氏に移ることになる。そこでまず、毛利氏がどのように台頭してきたのかを簡単にみることにしよう。

一介の安芸国衆にすぎなかった毛利家を、一代で中国地方の大大名へと発展させた元就が、家督を継いだのは大永三年（一五二三）のことだった。元就は弘元の二男として生まれたが、兄興元が二十四歳で早世し、その遺児幸松丸も九歳で亡くなったため、宿老たちの合議により要請されたのである。このとき、一部の家臣が尼子氏と結んで異母弟の相合元綱を擁立しようとして討たれている。毛利家も、すでにみた他家と同じく、家臣の自立性が強く外部と結びついた内部対立を抱えていたのである。

こうしたことを明瞭に示しているのが、享禄五年（一五三二）に福原広俊以下三十二名の家臣が元就に提出した起請文である。彼らはそこで、用水管理や従者の負債・逃亡に関し、お互いの間で話し合いなどにより解決することを約束し合うとともに、元就に対し違反者の処分を依頼している。一方

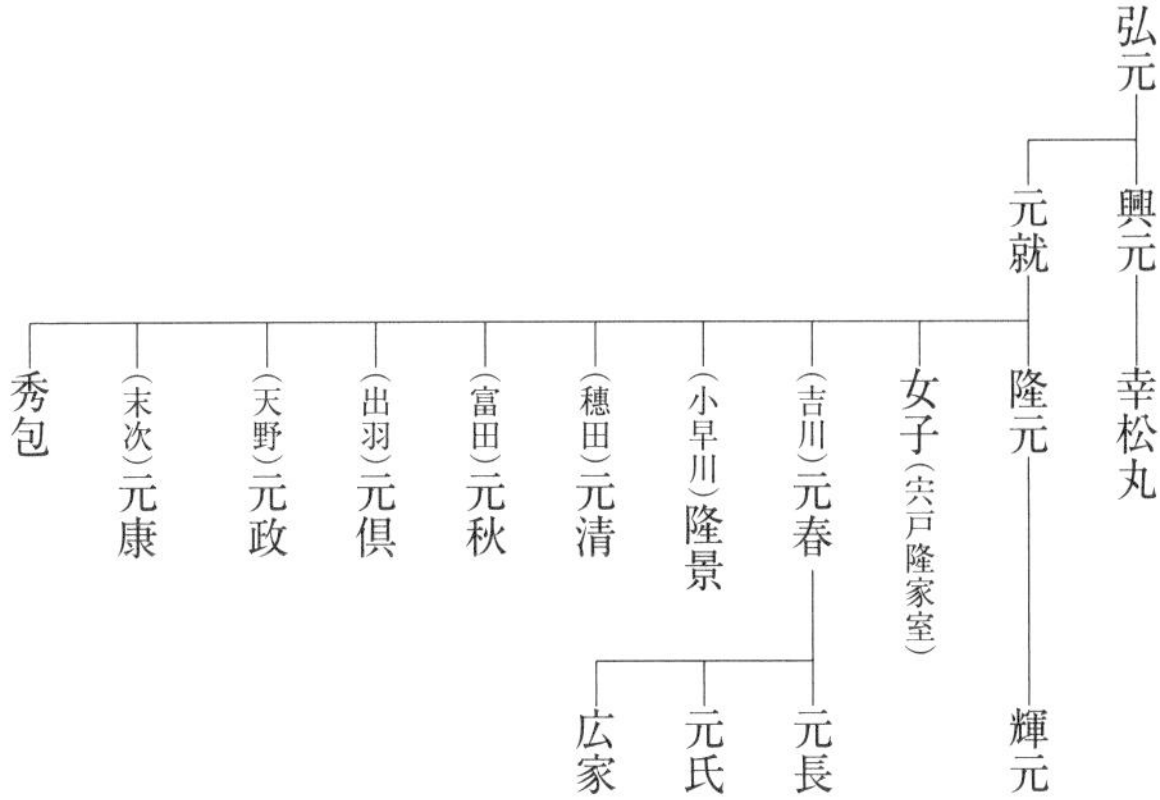

6—毛利氏系図

7—絹本著色毛利元就公画像（重要文化財、山口市・豊栄神社所蔵、山口県立山口博物館寄託）

で、彼らは元就の「御家来」であり、「他家」・「他門」とは異なる「御家中」の「傍輩」であると書かれている。つまり彼らは、毛利氏家中としてまとまりつつも個々の自立性は強く、主人の力よりもお互いの一揆的関係で秩序を保っていたのである。

そうしたなかで元就は、軍事的実績を重ねることで地位を強化していった。家督相続の直前には尼子方に転じ、大内方拠点の鏡山城（東広島市）攻撃に幼い幸松丸を擁して参加、調略によって城を落とした。しかし、恩賞が少ないことへの不満から再び大内方に転じ、尼子方の有力国衆で石見の阿須那藤掛城（島根県邑智郡邑南町）に拠る高橋氏を討ち、遺領を大内義隆から与えられた。さらに、近隣の国衆で高松城（広島市安佐北区）に拠る熊谷氏・五龍城（広島県安芸高田市）に拠る宍戸氏と婚姻関係を結び、連携を強めて安芸国衆のリーダー的地位を固めた。そのため尼子方の標的にされたが、前述した天文九～十年（一五四〇～四一）の郡山城攻防では籠城戦を戦い抜き、ますます声望を高めることとなった。

隆景・元春の小早川・吉川家相続

元就は天文十五年（一五四六）ごろに嫡子の隆元に家督を譲り、隠居という自由な立場から毛利家のさらなる発展を目指した。ただちに着手したのは、安芸の有力国衆である小早川・吉川家に、三男隆景と二男元春を養子として送り込むことだった。

沼田荘（広島県三原市）・竹原荘（広島県竹原市）の地頭として、鎌倉時代以来安芸東部で勢力を振るっていた小早川氏は、このころ惣領の沼田小早川家と庶子の竹原小早川家が並立していた。その竹原小早川家で、当主の興景が世継ぎのないまま天文十年に死去し、妻が毛利興元の娘だった縁で、甥にあたる隆景（当時は徳寿丸）が養子に迎えられた。さらに沼田小早川家でも、当主正平が大内氏の出雲侵攻の際に戦死した。跡を継いだ嗣子の繁平が失明していたことから、隆景を当主に迎える動きが家臣の間から起こり、繁平派と隆景派に分かれて争った結果、天文十九年、隆景が繁平の妹と結婚し沼田小早川家を継ぐこととなった。

吉川氏は石見と境を接する大朝（広島県山県郡北広島町）を領し、毛利氏と同じく大内方と尼子方の間で帰属が定まらなかったが、当主興経は郡山城攻防戦から月山城包囲戦にかけて寝返りを重ねたため、家臣の間で不信が募っていた。そうしたなかで、元就の妻妙玖が興経の叔母だったことから、興経を引退させ元春を養嗣子として迎える策謀が生まれ、ついには興経自身も認めるに至った。すると元就は、引退した興経を毛利領に幽閉したうえで、天文十九年に元春を吉川氏の本拠日野山城に送り込み、興経父子の殺害におよんだ。

両家の場合とも、元就の調略が働いたことは確かだろうが、その後は家臣団に受け入れられ、「毛利両川」と呼ばれる安定した関係が三者の間には作り出された。家の存続という観点から、両家の家臣とも毛利家との連携強化の道を選択したのである。

一方で元就は、毛利家内部における当主の統制力強化をはかった。その画期となったのは、天文十九年（一五五〇）に起きた井上衆誅伐事件である。井上衆は毛利氏家中随一の勢力を誇った一族であり、元就に家督相続を要請した宿老十五人のうち五人を彼らが占めていた。その井上衆が「長年上意を軽んじ、ほしいままの振る舞いが目に余る」として、当主元兼以下三十余名が殺害されたのである。これに対し二百三十八名の家臣が連署起請文を提出し、今回の措置を承認するとともに、今後は毛利氏が「御家中の儀を、有様に御成敗なさるべき」ことを承認し、命令にはいっさい背かずきちんと実行することを誓った。

井上衆の誅伐

元就が大内氏に宛てて提出した「井上衆罪状書」には、彼らの罪として、同僚・寺社の領地の奪取、従者への喧嘩の指嗾、会議・行事への不参、段銭・城誘などの諸役の不勤などがあげられている。今日的見方からすれば、これらは罰に値する罪といえよう。しかし、中世は自力救済の社会であり、彼らはその能力を持つ自立的領主だったのである。同じ「罪状書」には、毛利氏家中のほとんどが彼らに迎合して縁者となり、民百姓から市町の商売人まで取り入っているとも書かれており、強者との私的縁によって生活と安全を確保する風潮は、依然として根強かったといえる。だから、彼らの行為を単に非道として切り捨てることはできない。

問題は、そうした中世的社会秩序維持慣行の矛盾が大きくなっていたことである。前々項で書いたように、毛利領内で起きた用水管理をめぐる紛争は、家臣が共同で処理することとされていた。ところが、この事件の後に提出された起請文では、用水路は「上様」の管理下にあることが認められている。もはや自力救済では秩序維持が困難となり、それに代わる強力な公権力が期待される時代になっていたのである。今回の事件は、そうした時代の期待に応えて引き起こされたものだった。家臣の連署起請文では、傍輩（ほうばい）間の喧嘩の解決は毛利家当主の裁定に従うことが誓約されている。それだけでなく家臣は、強化された毛利氏の公権力の担い手としての仕事に努めることも義務づけられた。

また注目すべきは、軍役（ぐんやく）に関して、忠節を尽くすことを誓うとともに、手柄を立てたら必ず恩賞を与えるよう求めていることである。毛利氏が家中支配権を確立したことにより、家臣はもはや井上氏のように同僚との争いを通じて勢力を拡大することは不可能となった。そうなれば、毛利領自体を外部に向かって拡大する以外に発展の道はなく、そのために、この「奉公（ほうこう）―御恩（ごおん）」関係を明確化することが求められたのである。実際、このあと毛利氏は政治的・軍事的自立・発展をとげ、家臣も給地を拡大した。元就によれば「家中のものは大分限になり、小者（こもの）や中間（ちゅうげん）まで心が太くなった」という。その体制的準備が、この事件を通じて整えられたのである。

2　陶隆房のクーデターと厳島合戦

大内義隆からの奪権

陶氏は大内氏庶流右田氏の一族で、室町時代から周防守護代を世襲した重臣の家柄である。隆房は天文八年（一五三九）に家督を継ぎ、翌年の郡山合戦では大内方援軍の指揮官として活躍した。その後の出雲富田月山城攻撃が失敗し、義隆が政治・軍事への意欲を失うと、側近の相良武任が権勢を振るうようになり、隆房との対立が深まった。隆房は、このままでは大内家が衰退すると懸念し、義隆を廃し実子の義尊を立てる計画をめぐらした。同じ重臣で豊前守護代の杉重矩は、隆房の謀反の動きを察知し義隆に進言していたが、義隆は高を括って取りあわなかった。それを見た重矩は、大内氏の命運が尽きたと判断し隆房に同調するようになった。

天文十九年になると、隆房は毛利・吉川・天野氏ら安芸国衆にも計画を告げ、土地の給与などを条件に協力を取りつけた。それに合わせるかのように、隆房は大内館に出仕しなくなり、山口今八幡宮の祭礼に参加する義隆と相良武任を襲うとの噂も流れた。義隆は参加を取りやめて警戒を強め、隆房は本拠の周防富田若山城（山口県周南市）に引き籠もった。もはや謀反は明らかだったが、義隆は有効な対抗措置をとることができなかった。

隆房は義尊擁立を取りやめ、豊後大友義鑑と義隆の姉の間に生まれた大友晴英を迎えることとし、翌天文二十年八月挙兵した。まず安芸厳島と対岸の桜尾城（広島県廿日市市）を占領し、呼応した毛利氏は銀山城（広島市安佐南区）を接収した。こうして背後を固めた隆房は山口に攻め入り、杉重矩・内藤興盛ら主立った家臣も従った。義隆は館を捨て城下の法泉寺に拠ったが、持ちこたえることができず長門深川（山口県長門市）の大寧寺に落ちのび、そこで陶勢の追撃を受けて自刃に追い込まれた。義尊や山口に寄寓していた前関白二条尹房らの公家たちも犠牲となった。

翌年二月、晴英は豊後府内（大分市）をたち、大内氏先祖の百済王一族琳聖太子が上陸したとされる多々良浜（山口県防府市）に上陸し、山口に入って大内家を継いだ。隆房は晴英から一字をもらい晴賢と改名したが（以下、晴賢と表記）、晴英は将軍足利義藤（のちの義輝）から「義」の一字をもらい大内義長と名を改めた（以下、義長と表記）。

毛利・尼子氏の動き

大内氏権力の内紛は、周辺地域に大きな影響をおよぼした。いち早く陶方についた毛利氏は、大内義隆の死が伝えられると、ただちに安芸国衆平賀氏の家督問題に介入した。前述のように、平賀氏は弘保と興貞の親子間で争いがあり、勝利した弘保は家督を孫の隆宗に継がせた。その隆宗が病没すると、弘保は弟の広相に跡を継がせようとしたが、義隆は沼田小早川氏出身で寵臣の隆保を強引に平賀家に送り込み当主とした。そこで元就は、隆保を居城の高屋頭崎城（東広島市）から放逐し、広相の家督相続を後押ししたのである。弘保と広相は、その恩を感謝する起請文を提出し、子々孫々に至るまで毛利氏に忠節を尽くすことを約束した。

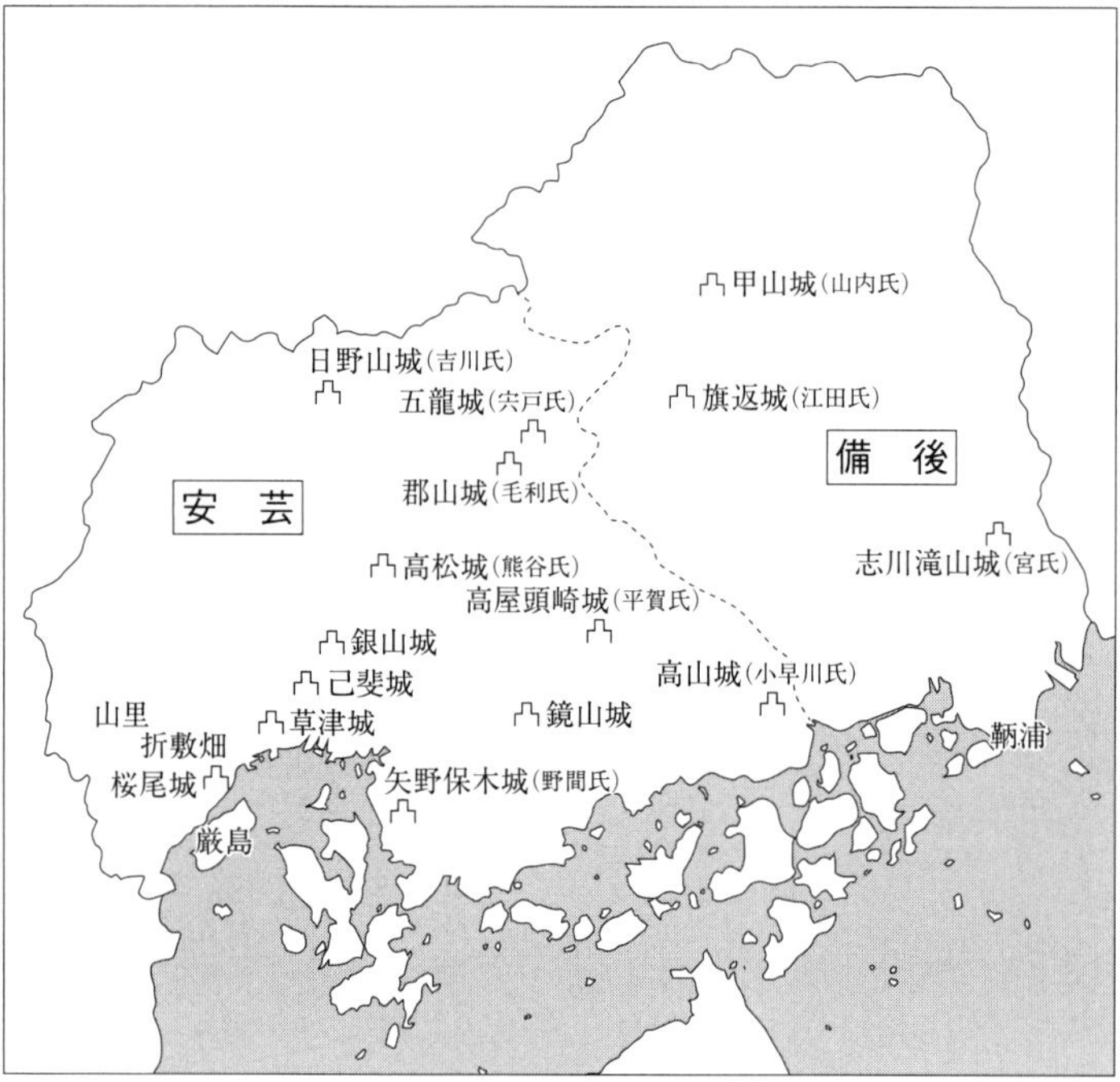
甲山城(山内氏)
日野山城(吉川氏)
五龍城(宍戸氏)
旗返城(江田氏)
備　後
安　芸
郡山城(毛利氏)
志川滝山城(宮氏)
高松城(熊谷氏)
高屋頭崎城(平賀氏)
銀山城
己斐城
高山城(小早川氏)
山里
草津城
鏡山城
鞆浦
折敷畑
桜尾城
矢野保木城(野間氏)
厳島

8—安芸・備後関係地名図

尼子氏は、大内氏に代わり中国地方の覇権を握るべく、幕府に働きかけて天文二十一年（一五五二）四月、因幡・伯耆・隠岐・出雲・美作・備前・備中・備後八か国の守護職を獲得した。すると、これに応じる国衆が相次いだ。陶晴賢は、防長の安定化に忙しく出陣する余裕がなかったため、元就に芸備国衆の軍事指揮を委ね鎮静化に努めさせた。元就は好機到来とばかり、同年七月、備後志川滝山城（広島県福山市）の宮光寄を攻めて備中に敗走させた。さらに翌年四月、尼子方に転じた山内隆通が甲山城（広島県庄原市）に尼子晴久を引き入れると、同じく尼子方に転じた旗返城（広島県三次市）の江田隆連を攻めた。隆連は晴久の援兵とともに抵抗したが、長期包囲戦を構える毛利勢の前に城を捨て、晴久も出雲に引き上げ、山内隆通は元就の娘婿となっていた宍戸隆家を通じて服属を申し入れた。こうして備後の尼子方は一掃され、毛利氏の影響力が強まった。晴賢は、こうした毛利氏の勢力伸長に警戒心を抱き、元就が旗返城を家臣に守備させたいと申し入れたのを許さず、検使として派遣していた腹心の江良房栄を城番とし、毛利氏の監視役とした。これにより、両者間には亀裂が生じることとなった。

9—尼子氏系図

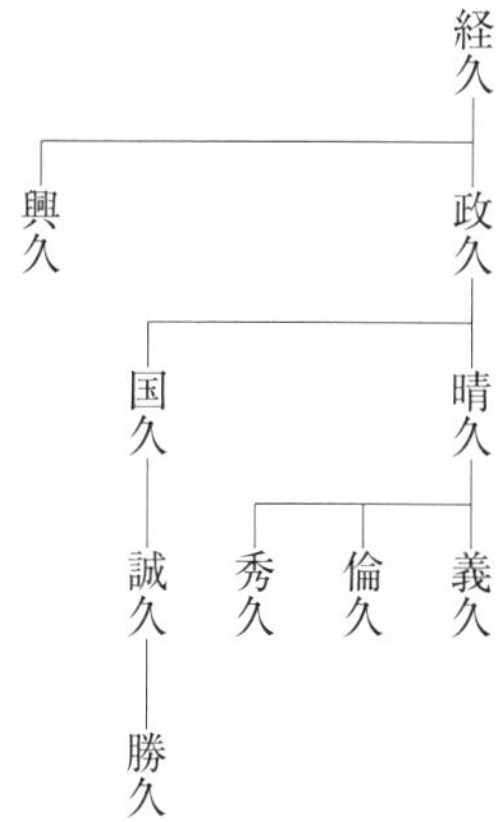

一方尼子氏は、本国の出雲で、天文二十三年に当主の晴久が叔父国久の一族である新宮党を粛清し、国久・誠久親子らの殺害におよんだ。新宮党とは、国久が月山城北麓の

新宮谷に館を構えていたことから名づけられたものだが、尼子氏最強の軍団として名を馳せていた。直接の原因は不明だが、晴久が権力の集中をはかって断行したものとされている。しかし、これが尼子氏の軍事力の弱体化を招き、情勢を主導的に切り開いていくのを困難にしたことは確かである。

「防芸引分」

石見津和野（島根県鹿足郡津和野町）を本拠とする吉見氏は、文明十四年（一四八二）に当主の信頼が陶晴賢の祖父弘護と刺し違える事件を起こしており、陶氏との仲は良くなかった。加えて、現当主の正頼は大内義隆の姉を妻に迎えていたので、クーデター直後から晴賢に反抗的だった。そこで晴賢は、天文二十二年（一五五三）秋から吉見氏攻撃に取りかかり、翌年春に大内義長を擁して大軍を催すこととし、毛利氏をはじめとする芸備の国衆にも参陣を命じた。

毛利氏家中では、これに応ずるべきか否かをめぐり、果てしない議論が繰り返された。元就は、命令に応じなければ晴賢に内心を疑われるし、対決するには彼我の実力差が大きすぎる、そのうえ、対決となれば尼子方が息を吹き返し陶方との挟み撃ちになるだろうと判断し、自身が出陣するつもりでいた。ところが、嫡子隆元が元就出陣に強く反対した。吉見氏討伐が落着したのち、晴賢が元就こそ最大の危険人物だとして、抑留するのではないかとの危惧を払拭できなかったのである。隆元は、大黒柱の元就を失えば毛利家は破滅だとして、自分が名代として吉川元春とともに出陣すると提案した。しかし、名代を派遣しても晴賢に真意を疑われる危険があり、結論が出せないまま年を越してしまった。

天文二十三年三月、晴賢は予定通り吉見氏討伐の兵を起こし、依然として参陣しない安芸国衆に対し督戦の使僧を派遣した。ところが、毛利氏への忠節を誓っていた平賀広相は、この使僧を捕え毛利氏に引き渡した。毛利氏とともに陶氏と決別する意思表明である。さらに福原貞俊ら重臣も、もはや晴賢との関係は険悪となっており、当方の力が充実している今こそ、安否を賭けて一戦を挑むべきだと主張した。元就は、国衆や家臣の積極姿勢に勝機を見いだし、隆元との連名で「防芸引分」すなわち陶＝大内氏との決別の覚悟を表明する書状を安芸の国衆たちに送った。五月十一日のことだった。

翌十二日、毛利氏家中をはじめ、吉川・小早川・熊谷家などによる軍勢三千余は、広島湾頭に出陣、守備の手薄な銀山城・己斐城（広島市西区）・草津城（広島市西区）・桜尾城を即日接収した。同時に、この地を拠点に活動する商人的武士の堀立直正を厳島と廿日市に派遣し、町人たちの説得に当たらせた。こうして毛利氏は、安芸西部の要衝広島湾頭を一日にして制圧したのである。

折敷畑合戦

石見の陣中でこの報せを聞いた晴賢は、「大内家から重恩を受けながら、悪逆の企てを行うとは許しがたい。猛悪無道の所行だ」と激怒した。そこで腹心の宮川甲斐守に三千の兵を与え、毛利氏の討伐に向かわせた。宮川は途中で、周防山代（山口県岩国市）や安芸山里（広島県廿日市市など）の一揆を、郷中課役の免除を条件に軍事動員した。こうして六千余にふくれあがった軍勢は、毛利方の拠点桜尾城を見下ろす折敷畑山に陣取った。

元就は桜尾城で作戦会議を開き、敵兵力が優勢なことから籠城を説く家臣を押さえ、後詰の援軍が期待できない状況に鑑み、野戦で一気に勝負を決することとした。六月五日に城を出た毛利方の軍勢は、敵正面の本隊・左右の別働隊の三手に分かれ、正面の先鋒が攻めかかると見せて後退し陶方の反撃を誘った。陶方がそれに乗って攻め寄せたところを、左右の別働隊が側面を衝いた。混成軍の陶方は算を乱して崩れ、包囲殲滅戦の様相を呈した。大将の宮川甲斐守は討死、獲った首級は七百五十余という毛利方の大勝利に終わった。

これにより陶方の正規軍は壊滅し、毛利方は一揆の掃討にかかった。合戦直後の六月八日には山里一揆を構成する玖島村（広島県廿日市市）・白砂村（広島市佐伯区）を国衆の熊谷・阿曽沼勢が攻撃、七月には奥地の太田（広島県山県郡安芸太田町）・吉和（広島県廿日市市）を吉川勢が攻めた。しかし、野戦では乱れを見せた一揆勢も、本拠では地の利を生かし、「切所」（小規模な砦）を構え、「野臥せり」（待ち伏せ）をするなど、執拗に抵抗した。そのため完全に制圧するには至らず、元就は寝返り工作に力を注ぐようになった。十月に入ると白砂村の百姓たちが毛利方に寝返り、玖島村の者五人を討ち取った。他の山里一揆勢は白砂村に押しかけたが、毛利勢が加勢して撃退、さらに彼らの拠る津田村・友田村（広島県廿日市市）を襲い、十月二十五日には友田村の砦を落とした。ほどなく玖島村も降伏し、山里一揆の抵抗は終わりを告げた。しかし、三か月以上も一揆勢が持ちこたえたことは脅威であり、のちの防長征服戦における教訓となった。

決戦に向けて

宮川甲斐守敗死すの報に接した晴賢は、ようやく事態の深刻さに気づき、八月下旬に吉見氏との停戦を成立させ、山口に戻って毛利氏との戦いの準備に入った。そして翌天文二十四年（一五五五）早々、二万余の軍勢を率いて山口を出発、岩国の永興寺に陣を張った。

晴賢はただちには動かず、麾下の水軍によって草津城下や厳島を攻めた。また、矢野保木城（広島市安芸区）に拠る国衆野間隆実は、熊谷信直の娘婿で毛利氏とも親しかったが、これを機に陶方に転じ、毛利方に属する広島湾頭の仁保（広島市南区）・海田（広島県安芸郡海田町）を襲った。毛利方はただちに反撃に出て保木城を攻め、隆実を降伏させた。双方とも、この地域の戦いの鍵となる海上交通の拠点を抑えることを重視したのである。これまでも大内氏は、安芸出陣にあたっては必ずといっていいほど、まず戦略的要衝である厳島を抑えていた。また元就は、自前の川内警固衆や小早川水軍だけでは大内水軍には太刀打ちできないと考え、村上水軍との連携を強めるべく、陶晴賢との決別ののち、宍戸隆家の娘を小早川隆景の養女とし、来島通康のもとに嫁がせている。

そのなかで三月には、晴賢腹心の江良房栄が、毛利方に内通したとして誅殺される事件が起きた。軍記類では、房栄は元就の監視役をつとめており、その間に彼の力量を知り和睦を進言したことが不信を呼んだとも、元就が房栄の内通を記した謀書を陶方の間者に盗ませたともいわれているが、真相は不明である。ともかくも、芸備の事情に詳しい重臣を失ったことは、晴賢にとって大きな痛手だった。

同じころ元就は、厳島神社東の有の浦（ありのうら）に宮尾城（みやのおじょう）という小城を築造した。陶方の大軍を厳島に誘導し、行動を制約しようとしたのである。陶方は何度か攻撃を試みたが、城を落とすことはできなかった。そこで晴賢は、主力を厳島に上陸させて一気に制圧する方針を決めた。これに対し重臣の弘中隆兼（ひろなかたかかね）は、厳島上陸は元就のおとり作戦にはまることになるとして、陸路吉田（よしだ）を目指すべきだと主張した。しかし側近の三浦房清（みうらふさきよ）が、海上戦で毛利方を圧倒できない状況をふまえて晴賢の作戦を支持し、主力の上陸が決定された。前述したように、厳島は戦略的重要拠点であり、晴賢の判断は必ずしも大軍に慢心した錯誤とはいいきれない。

厳島合戦

九月二十一日、晴賢は方針通り主力を率いて厳島に上陸した。兵力は二万とされているが、戦死者が陶氏譜代（ふだい）家臣や厳島神領衆（しんりょうしゅう）などに限られていることから、全軍が厳島に上陸したわけではなく山里方面に展開する部隊もいたので、実際には一万程度だったという説も出されている。ともかく晴賢は、宮尾城を見下ろす塔の岡（とうのおか）に本陣を置いた。この報に接した元就は、二十四日に四千余の兵を率いて吉田を出発し草津城に着陣した。これについても、毛利方の全兵力は五千を超えており、合戦に参加した両軍の戦力にそれほど大きな違いはなかったとする説がある。しかし、毛利方が劣勢だったことは確かだろう。

陶方は宮尾城の堀を埋め水源を絶って、城内に肉薄しようとしていた。しかし、毛利方はすぐには動けなかった。直前に小早川家重臣の乃美宗勝（のみむねかつ）を派遣して救援を求めていた来島水軍が、いまだ姿を

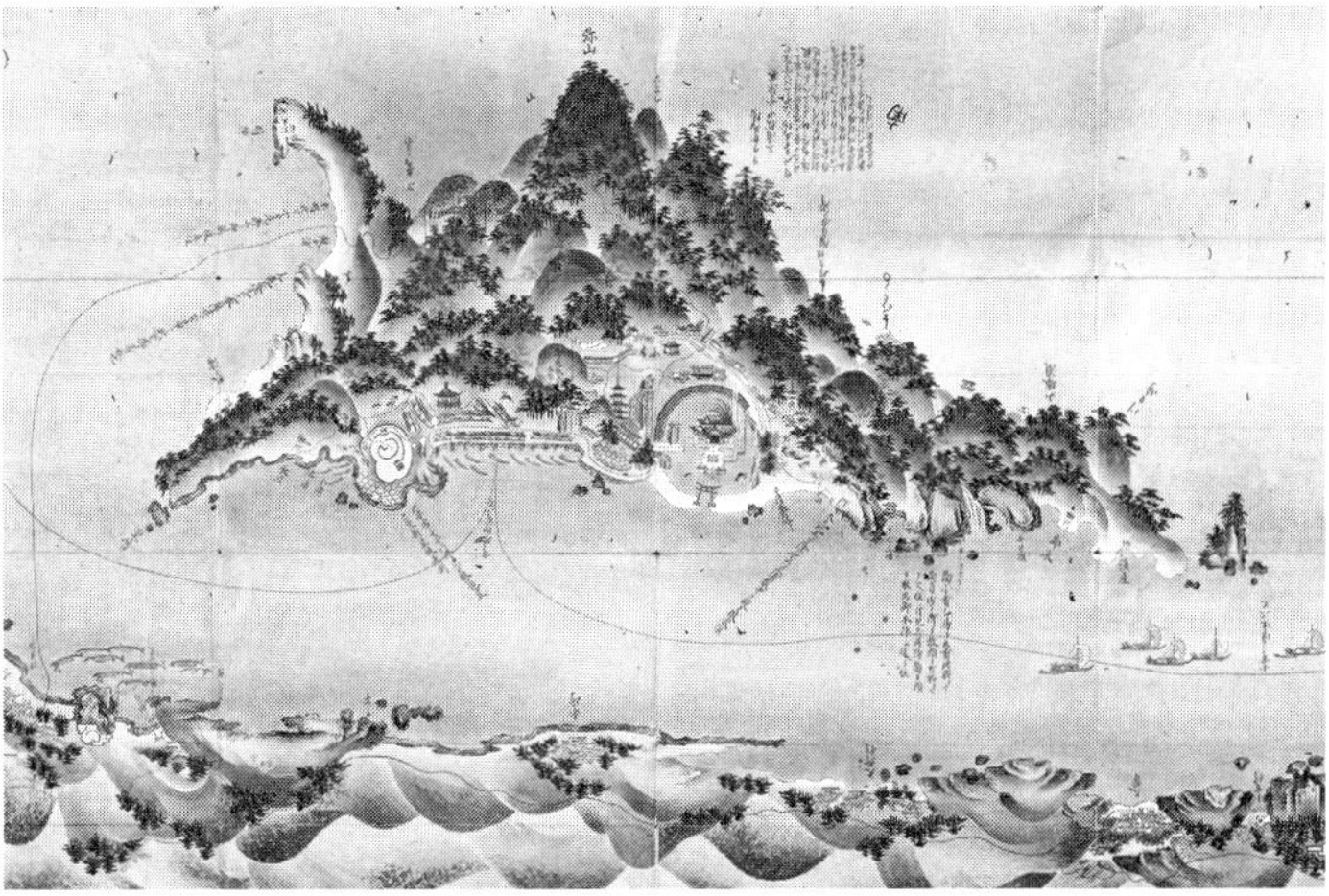

10―芸州厳島一戦之図（部分、山口県文書館所蔵）

現していなかったからである。二十七日になり、元就はこれ以上は引き延ばせないとして、自前の水軍だけでの厳島上陸敢行を決意し、隆景に小早川水軍を廻航するよう命じ、翌二十八日には本隊を厳島の対岸地御前（じごぜん）に移動させた。するとそこに、来島通康率いる二百〜三百艘（そう）の船団が到着した。来援しなかったとする説もあるが、この日毛利方は、陶方からの妨害なく国衆熊谷信直・天野隆重（たかしげ）の軍勢を宮尾城に送り込んでいるので、来援したと見るほうが良いだろう。弘中隆兼は、「陶方の水軍が手薄なため、こうした事態を招いてしまった」と嘆いたという。

三十日の夜、元就率いる毛利軍本隊二千は、厳島東岸の包が浦（つつみうら）に上陸、山を越えて塔の岡を見下ろす博奕尾（ばくちのお）に進んだ。隆景率いる別働隊千五百は陶方の援軍を装って厳島神社大鳥居前付近で待機した。翌十月一日明け方、本隊・別働隊が晴賢本陣を挟撃すると、陶方は大混乱に陥り総崩れとなった。晴賢は三浦房清に付き従われその場を逃れたが、水軍が早々に撤退したため船を探し出すことができず、自害して果てた。隆兼は殿軍として晴賢の逃亡を助け、その後も頑強に抵抗したが、三日には力尽き戦死した。陶方の戦死者は四千七百におよんだという。

こうして厳島合戦は毛利方の完勝に終わった。来島水軍の毛利方来援によって、すでに大勢は決していたとする説もあるが、元就が奇襲戦術を選択したのは、やはり兵力での劣勢を意識したためと思われる。そして奇襲攻撃が成功したのは、元就に「防芸引分」を決断させた家臣たちの旺盛な戦意と、軍隊の統制力によっていたといって誤りはないだろう。

3　防長征服

山代一揆の掃討

厳島合戦の結果陶方の主力は崩壊したが、大内義長を筆頭とする勢力が防長各地で抵抗姿勢を崩さずに残っていた。毛利方は休む間もなく岩国に進出、掃討に乗り出した。まず、玖珂の蓮華山城（山口県岩国市）に拠る椙森隆康に厳島合戦勝利を告げ、味方につけた。近辺の倉掛山城（山口県岩国市）に拠る杉隆泰は大内方にとどまったので、隆康とともに討ち滅ぼし跡地を預けた。椙森氏はその後も毛利氏と良好な関係を持ち続け、元就五男の元秋を養子に迎えて

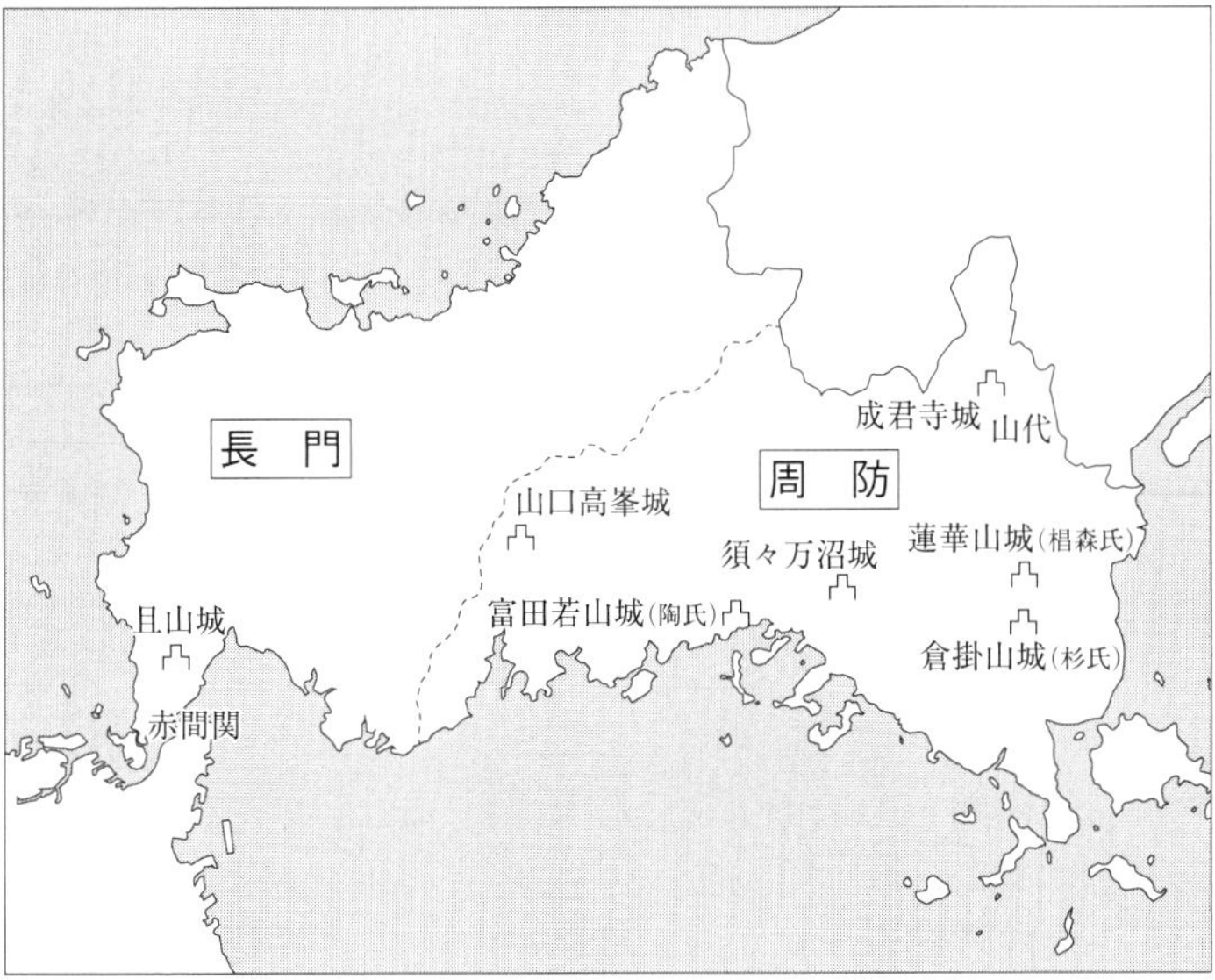

11—周防・長門関係地名図

いる。

こうして玖珂郡の中心を抑えた毛利方は、折敷畑合戦に従軍した山代一揆の拠点である、北方の山間部の平定に取りかかった。実は毛利氏は、折敷畑合戦直後から山代一揆の分断工作を開始していた。十三の郷村から構成される山代の中心をなす本郷の刀禰（リーダー）であり、一揆の総大将ともされる神田丹後守の息子蔵人丞は、郷村の管轄権と給地の宛行を見返りに、毛利方への一味を約束した。親子が大内方と毛利方に分かれ、どちらが勝っても生き残れるよう、危険分散をはかったものと思われる。また天文二十四年（一五五五）七月には、阿賀村の三分一氏が刀禰錦見氏を殺害し頸を元就のもとに届けている。倉掛山城陥落直後には、玖珂郡南部の由宇（山口県岩国市）・伊賀地（山口県柳井市）での戦闘で、三分一氏一族の式部丞が手柄を立て、隆元・元就から感状をもらっている。

元就は十二月、家臣の粟屋元通・坂元祐を山代に派遣し、三分一氏や藤谷郷の刀禰林氏らを動員して生見村の高森城の普請を行わせている。ところが翌弘治二年（一五五六）二月、十三ヶ郷のうちの「八ヶ」と呼ばれる地域の一揆が、大内方として蜂起し本郷にある成君寺城に立て籠もった。そこで三分一・林氏らは、残りの「五ヶ」の「各中」と称される農民たちを率いて成君寺城を攻撃、福原貞俊・赤川元保らの正規軍の応援も得て城を陥落させた。こうした働きに対し元就は、「山代百姓中、当家に対し忠節の段、さらに言語に及ばず」と最大級の賛辞を呈し、「公料等免許」すなわち免税特権を与えた。

須々万沼城の攻防

再び一揆勢の頑強な抵抗に遭遇した元就は、さらに陶氏本拠の富田若山城（山口県周南市）に進撃するにあたり、前線で指揮を執る家臣の赤川就秀に対し、以下のような指示を出した。富田との間にある村々を一つ一つ味方につけて人質を取り、富田の近所まで毛利方に一味するようになれば、富田の「地下人」（民衆）の気持ちも変わるだろう。大事なのは「動」（はたらき＝軍事力行使）と「操」（あやつり＝政治工作）を使い分けることだ。椙森氏や山代衆などを案内者にして、足軽などをつけて一人二人殺し家を三〜五軒焼くなど軽い脅かしをして、政治工作により村を味方につけよ。それに応えないようであれば、軍勢を派遣してどの村でも一郷を討ち果たせば、ほかの村は降伏を申し出てくるだろう。

　この方針がどの程度貫徹したかは不明だが、毛利方の行く手を阻んだのは、三方を沼地で囲まれた天然の要害須々万沼城（すすまぬまじょう）（山口県周南市）だった。城将は山崎興盛（やまさきおきもり）といい、大内義長から江良賢宣（かたのぶ）らが援軍として派遣されていた。それに付近の一揆衆や神田丹後守をはじめ「八ヶ」一揆の生き残りが加わり、総勢一万余人が立て籠もっていた。毛利方はそうした状況を知らないまま、四月初めに小早川隆景率いる一隊が、さらに四月二十日には毛利隆元率いる五千余の本隊が攻撃したが、強固な反撃にあい撤退するところを追撃され、坂元祐・粟屋元通率いる山代衆に支えられ、何とか岩国に帰陣した。

12―須々万沼城

　翌弘治三年（一五五七）二月、今度は元就が大軍の陣頭指揮を執り、沼地渡渉のため兵士に編竹と薦（こも）を持たせて攻撃した。また、鉄炮を放つために鉛や煙硝が用意されており、毛利軍としてはじめて鉄炮を用いた戦いでもあったとされている。これにより沼城はようやく陥落し、城将山崎興盛父子は切腹した。一方、援軍の江良賢宣らは降伏し、毛利方として城を守るとともに山口進撃にも協力することとなった。

石見の戦い

そのころ西石見の国衆は、陶氏に抵抗する吉見氏方と、陶氏に従う益田七尾城（島根県益田市）の益田氏方とに分裂していた。毛利方は、以前より国衆と深い関係を結んでいた吉川家を相続した元春が責任者となり、政治・軍事工作を進めた。天文二十四年（一五五五）春には、益田氏一族でありながら毛利氏と良好な関係にあった、乙明城（島根県浜田市）に拠る福屋隆兼の要請をうけ、同じ益田氏一族の永安式部少輔の拠る永安城（島根県浜田市）を攻略し、式部少輔を益田氏のもとに追った。つづいて鳶巣城（島根県浜田市）に拠る周布下総守も毛利方となり、同じ益田氏一族で西方の三隅高城（島根県浜田市）に拠る三隅氏と対峙することになった。

毛利方が厳島合戦に勝利すると、東石見で尼子氏との連携を深める河本温湯城（島根県邑智郡川本町）の小笠原長雄の圧迫を受けていた、佐波泉山城（島根県邑智郡美郷町）の佐波興連や、石見銀山山吹城（島根県大田市）の刺賀長信が、邑智郡口羽に所領を持つ志道通良を介して毛利氏に帰順してきた。これが小笠原氏を刺激して両者の関係が険悪になったため、翌弘治二年（一五五六）、元春は宍戸隆家・志道通良らとともに石見に出陣し、五月に銀山方面で尼子方と衝突し撃退した。しかし、七月に尼子方は再度大軍で押し寄せ、岩国から駆けつけた元就の援軍を、銀山付近の忍原（島根県大田市）で破った。勢いに乗る尼子方は九月には山吹城を攻略し、刺賀長信は城を退去、石見銀山は尼子方の手に落ちることとなった。毛利方にとって主戦場は周防だったのであり、石見方面に十分な力を注ぐことができなかったのである。

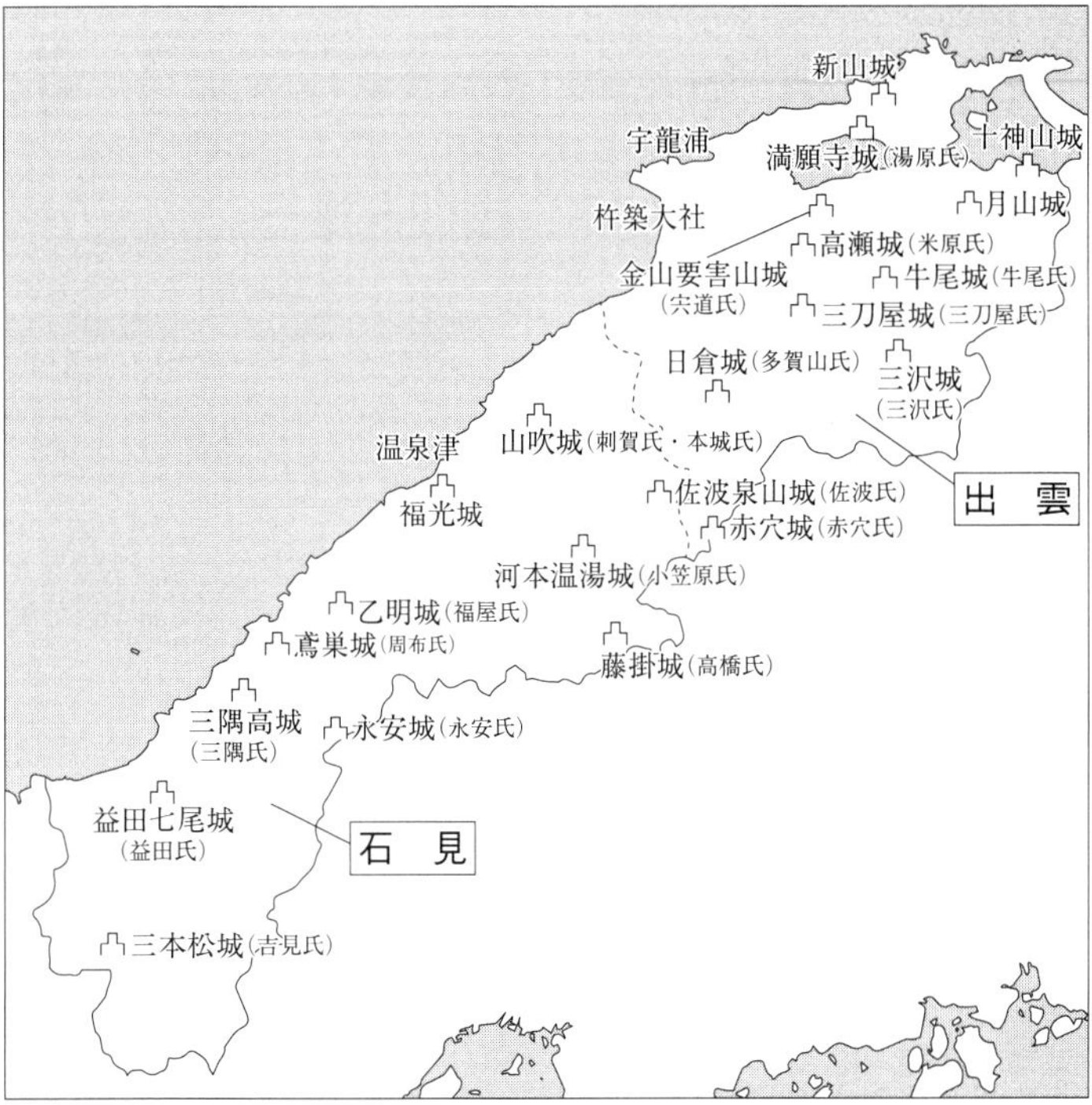
新山城
宇龍浦
満願寺城（湯原氏）
十神山城
杵築大社
月山城
高瀬城（米原氏）
金山要害山城
（宍道氏）
牛尾城（牛尾氏）
三刀屋城（三刀屋氏）
日倉城（多賀山氏）
三沢城
（三沢氏）
温泉津
山吹城（刺賀氏・本城氏）
佐波泉山城（佐波氏）
出　雲
福光城
赤穴城（赤穴氏）
河本温湯城（小笠原氏）
乙明城（福屋氏）
鳶巣城（周布氏）
藤掛城（高橋氏）
三隅高城
（三隅氏）
永安城（永安氏）
益田七尾城
（益田氏）
石　見
三本松城（吉見氏）

13—石見・出雲関係地名図

山口陥落

須々万沼城を落とした元就は、ただちに若山城攻略へと軍を進めた。若山城は晴賢の息子陶長房が守っていたが、すでに長房は亡くなっており、若山城は簡単に落城した。長房の死因については、沼城陥落を聞いて自刃し家臣を降参させたという説と、晴賢に殺された杉重矩の息子重輔が弘治三年（一五五七）二月に若山城を攻めて討ち取ったという説がある。重輔は陰謀の廉でこの年三月、大内義長によって殺されている。どちらにせよ、大内家臣団は内部崩壊の道をたどっていたといえよう。

元就は一気に山口を攻撃することとし、三月十二日本陣を防府に移した。山口では、義長や大内氏重臣の内藤隆世が高峯城（山口市）に立て籠もり応戦しようとしたが、防府を守っていた右田隆量が毛利方に転じ山口に進撃し、吉見正頼も周防に進出してきたので、義長らは高峯城を捨て長門且山城（山口県下関市）に逃れた。ここから九州に渡海して、兄の大友義鎮を頼ろうとしたのだろう。しかし、すでに赤間関（山口県下関市）は堀立直正が押さえており、海上も小早川・来島水軍が警戒網を張っていた。元就は福原貞俊らを且山城攻撃に派遣したが、急峻な山の頂上にある城は要害堅固でなかなか落とすことができなかった。とはいえ、行き場を失い援軍の望みもない抵抗には限度があった。四月三日に阿曽沼広秀らの奮戦により且山城は陥落し、義長・隆世とともに自刃して果てた。これにより防長征服は完了し、元就・隆元は四月二十三日、防府をたって吉田に凱旋した。

石見方面では、且山落城が迫るとともに、益田藤兼も福屋隆兼・吉川元春を通じて和議を申し入れてきた。しかし元就は、吉見正頼の反発を恐れて慎重に対処した。そして落城後、正頼の了解を取りつけたうえで、正式に藤兼と和議を結んだ。三隅氏もこれに続き、益田氏にかくまわれていた永安式部少輔は自刃させられた。これにより、西石見の戦後処理も終了した。

4 各地の動向

島津貴久の大隅制覇

「プロローグ」で述べたように、島津貴久は一族から本宗家の地位を認められ、薩摩・大隅・日向の守護職を獲得した。しかし、本拠の薩摩でも祁答院・入来院・東郷氏などの渋谷氏の系譜を引く国衆が依然割拠しており、まして大隅・日向の国衆の自立性は強かった。ここにどう支配を浸透させていくのかが、次の大きな課題だった。天文十七年（一五四八）貴久は、反旗を翻した大隅守護代本田董親の清水城（鹿児島県霧島市）を攻め、董親を追放するとともに弟の忠将を同城に入れた。次いで天文十八年には、勝久の家老を経験し実久側について敵対していた加治木城（鹿児島県姶良市）の肝付兼演を攻め、兼演は祁答院・入来院・東郷氏や大隅の蒲生本城（鹿児島県姶良市）に拠る蒲生氏らの応援を得て抵抗したが、降伏を余儀なくされた。この戦いで肝付氏は鉄炮を発射しており、日本ではじめて鉄炮を使用した戦いとしても知られる。なお兼演は、翌年赦免され加治木の領有を安堵されている。こうしたなかで貴久は天文十九年十二月、新城の

14—薩摩・大隅・日向関係地名図

築造なった鹿児島内城（鹿児島市）に入城した。さらに天文二十一年には元関白近衛稙家の執奏で、家督の地位を示す従五位下・修理大夫に叙任されている。

天文二十三年になると、蒲生本城を本拠とする大隅の有力国衆蒲生範清が、入来院・祁答院・菱刈氏や肥後の相良氏と連携して加治木城攻撃を始めた。これに対し貴久は、祁答院氏が守る岩剣城（鹿児島県姶良市）を攻略、息子の義久・義弘が初陣を飾った。その後も帖佐平山城・北村城・松阪城（いずれも鹿児島県姶良市）などで攻防戦が繰り広げられたが、弘治三年（一五五七）に蒲生本城が陥落し、範清が祁答院（鹿児島県薩摩川内市）に逃亡して、島津氏の大隅西部攻略戦は終わりを告げた。

こののち貴久は、蒲生・帖佐・松坂に直臣を地頭として派遣し支配にあたらせた。彼らは担当地域の島津氏直臣を衆中として統括した。島津氏独特の地域支配体制である地頭衆中制（のちの外城制）は、ここから始まったとされており、島津氏の戦国大名への飛躍の大きな画期だったといえよう。

大友氏の豊前・筑前進出と国衆の反抗

大内氏の滅亡は、北九州にも大きな影響を与えることとなった。まず、天文二十年（一五五一）に陶晴賢が大内義隆を滅ぼすと、筑前守護代の杉興運は自害に追い込まれ、晴賢が守護代となった。豊前（福岡県東部・大分県北部）守護代の杉重矩は、前述のように晴賢に同調していたが、晴賢は危険人物と判断したのか自害させた。肥前（佐賀県・長崎県）では大内義隆と結んでいた龍造寺隆信が、少弐冬尚を奉じた国衆の挙兵や、義兄龍造寺鑑兼を擁した家臣土橋栄益の反乱により、佐嘉城（佐賀市）を追われたが、天文二十二年に

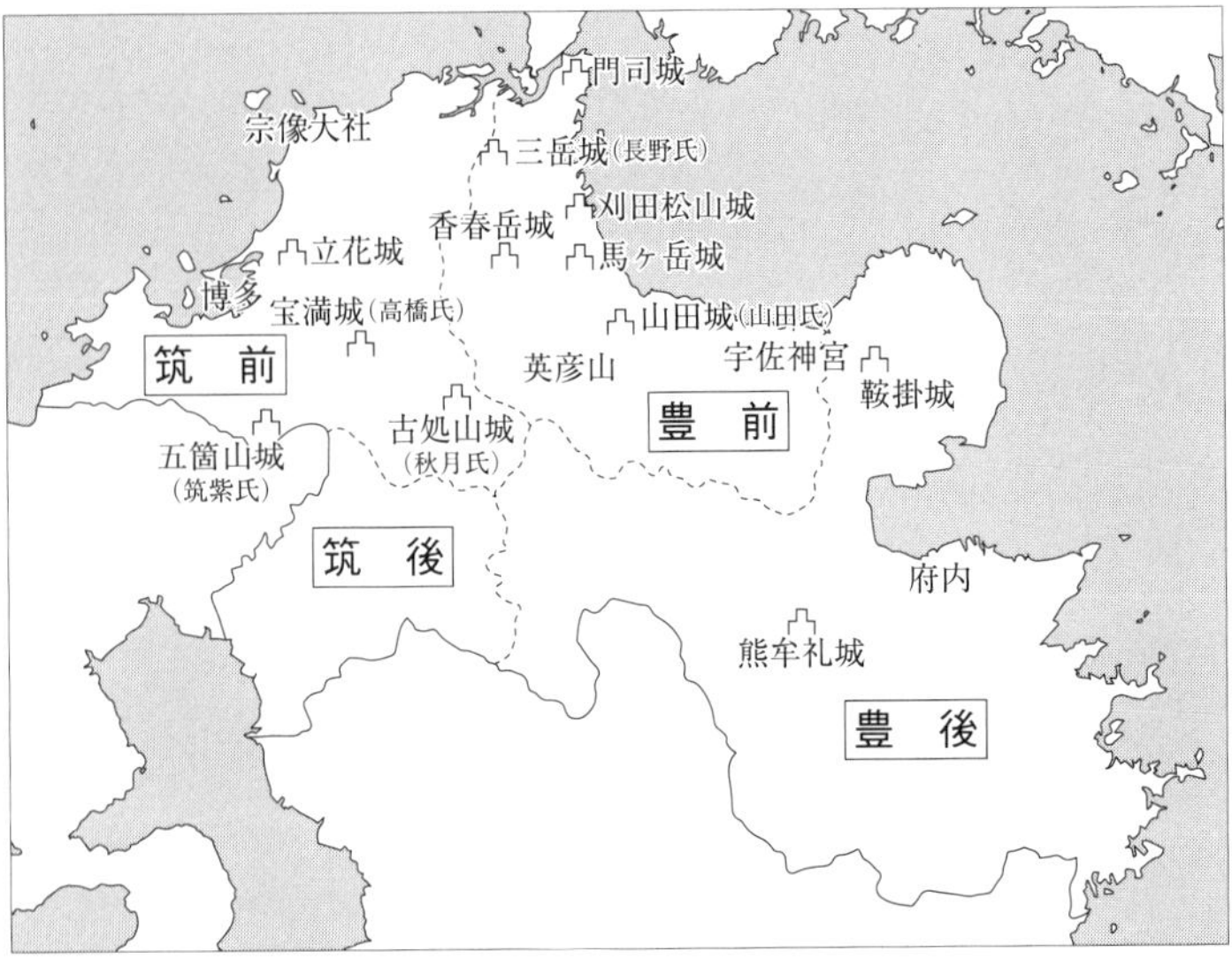

15―豊後・豊前・筑前関係地名図

筑後柳川（福岡県柳川市）の蒲池氏らの援助を受け佐嘉城を回復した。冬尚は再起を期して居城の勢福寺城（佐賀県神埼市）に戻ったが、永禄二年（一五五九）龍造寺隆信に攻められ自害した。これにより、名門少弐氏は最終的に滅亡した。

天文二十四年の厳島合戦で陶晴賢が戦死すると、一族の義長を大内家の当主に送り込み、北九州への影響力を増していた大友氏に対し、反抗する動きが強まった。中心となったのは、筑前の古処山城（福岡県朝倉市）に拠る有力国衆秋月文種で、弘治二年（一五五六）六月には豊前郡代佐田隆居率いる軍勢と戦っている。翌弘治三年に大内義長が滅びると、この動きはますます強まった。豊前国衆の山田隆朝らは秋月氏に応じて挙兵、大友方は田原親宏・

佐田隆居らの軍勢が反攻を開始して、隆朝の山田城（福岡県豊前市）を落とした。さらに秋月方が占拠していた馬ヶ岳城（福岡県行橋市）も攻略して、豊前の大半を制圧した。筑前でも、戸次鑑連・高橋鑑種らが秋月氏を古処山城に攻めて文種を自殺に追い込み、秋月氏に同調していた筑紫惟門の居城五箇山城（福岡県那珂川市）も攻略した。こうして大友氏は、豊前・筑前両国をほぼ制圧することとなった。しかし、文種の息子種実や筑紫惟門・山田隆朝らは防長に逃れ、毛利氏の後援を得て執拗に所領回復を目指すようになる。

四国の情勢変化

「プロローグ」で述べたように、伊予河野氏は厳島合戦以前に大内氏との和睦を成立させていたが、重臣の来島通康は水軍を率いて毛利氏支援に駆けつけた。とはいえ通康は、小早川隆景の養女となった宍戸隆家の娘を娶り、毛利氏との連携を強めていたものの、なかなか来援に踏み切れなかった。大内＝陶氏という強大な権力に敵対するのは大きな賭けであり、決断に逡巡があったためだろう。通康の背中を押したのは、以下の事情だったと思われる。「海賊衆」と呼ばれた瀬戸内海の海上勢力は、航行する船舶の安全を保障し、見返りに「警固料」・「駄別料」と呼ばれる通行税を徴収することを生業としていた。ところが陶晴賢は、クーデター直後厳島に「掟」を発し、その徴収を禁止した。それ自体は流通の妨げを除去しようとする積極政策であり、のちの豊臣政権の「海賊停止令」の先駆けともいえる。しかし、水軍にとっては死活問題だったのである。

通康は、当時の河野氏当主通宣と対立していた父通直に女婿として仕えていたが、通宣の代になっても側近として仕え、将軍など外部との通交の取次役をつとめた。また来島村上氏の重臣である村上河内守吉継は河野氏の奉行人としても活動しており、病身だったとされる通宣を彼らが支えていたと考えられる。河野氏は、彼らを通じて毛利氏との連携関係を強め、のちの土佐一条氏らとの抗争で、毛利氏の支援を仰ぐこととなる。

土佐一条氏は、前関白一条教房が応仁二年（一四六八）に戦乱を避けて家領の幡多荘（高知県西部）に下向し、直務支配を開始したことに始まる。一条氏は中村（高知県四万十市）を拠点に荘園経営を行うとともに、特産の材木の移出や海上交易により利益をあげ、土佐西部の支配者として定着した。その後、一条義房（晴持）が大内義隆の養子となるなど、海上交通で関係があったと思われる大内氏と結びつきを強めたが、兄の房基は大友義鑑の娘を娶り、その子兼定も大友義鎮の娘を娶っており、大友氏との関係を強化するようになった。ここから、大内氏に続き毛利氏との関係を強めた河野氏と対立する要因が生まれた。

阿波（徳島県）では、当時畿内の覇権を握っていた三好長慶の弟義賢（実休）が、守護細川持隆を補佐していた。さらに弟の冬康は淡路（兵庫県）の安宅氏の養子となって水軍を率い、一存は讃岐（香川県）の国衆十河氏の養子となった。彼ら兄弟が、三好政権を外から支えていたのである。天文二十二年（一五五三）に義賢は、主人の持隆を攻め殺した。持隆は長慶と対立する細川晴元とは距離をとっていたが、阿波に保護していた足利義維（将軍義晴の弟）を擁して上洛し、長慶と対抗しようと企図したためともされる。義賢は持隆の実子真之を後継に立てたが、実権は三好氏が握った。その後三好氏は、讃岐の本格支配を目指し、安富・寒川・香西氏といった有力国衆を服属させていった。

二　地域社会の変容と文化

1　農民の成長と郷村の展開

開発と用水管理

第一章第1節「毛利氏の台頭」で簡単に述べたように、この時代の地域社会ではさまざまな紛争が深刻化し、秩序維持のために強力な公権力が求められるようになっていた。その課題に応えて成立したのが、戦国大名などの地域権力だった。ここで、毛利氏にとっての転機となった井上衆誅伐事件をもう一度振り返り、その社会生活的背景にまで踏み込んで考えてみたい。

井上衆の「罪状」の中で、社会生活と深く関わっている問題としては、同僚や寺社の領地の奪取すなわち土地紛争や、市場での乱暴すなわち商取引をめぐるトラブルなどがあった。民百姓や市場の商人までが、井上衆に迎合していたともされており、これらは領主間にとどまらず、民衆の生業にも関わる問題であったといえる。また、誅伐後に提出された起請文では、下人等の人返し、農耕用の牛馬の管理、山河の用益、用水路や道の管理などに関する規定があり、毛利氏が処理すべき課題が、広範にわたっていたことが知られる。これらは、社会がどのような状況にあったことを物語っているのだろうか。

まず、土地紛争と農民の生活・生業の関わりについて見てみよう。領地の奪取といっても、闇雲に

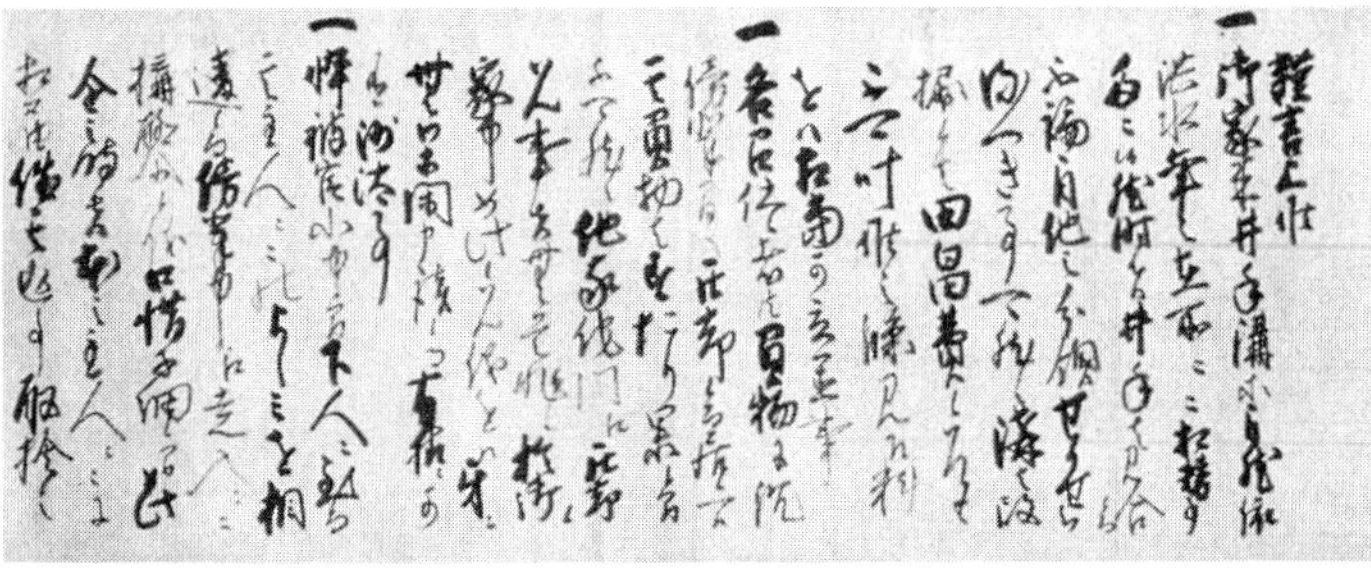

16―享禄５年毛利氏家中起請文（部分、毛利博物館所蔵）

行われたわけではあるまい。享禄五年（一五三二）の起請文の一条にあったように、用水路は複数の利用者があり、複数の所有者の土地を流れるので、紛争を引き起こす要因になりやすい。それだけでなく、戦国時代特有の問題もあった。戦国大名などが制定した法には、用水紛争に関する条項が多く見られるが、肥後の領主相良氏が制定した「相良氏法度」では、開発した新田にもともとあった本田の用水を使うことにより、本田側の煩いとなるとされている。駿河の大名今川氏が制定した「今川仮名目録」では、新しく開削した用水をめぐる紛争が頻発しているとされている。このように、耕地の開発の進展が用水紛争の大きな原因となっていたのである。また、下総（茨城県南部・千葉県北部など）の領主結城氏が制定した「結城氏新法度」で、既墾地から山野への耕地開発の進展が、隣接地との境界紛争を引き起こすとされているように、開発自体も土地紛争の要因となっていた。

この時期の耕地開発としては、小早川氏など領主主導による河口付近の干潟の干拓が有名だが、一方で一般農民による小規模開発も進み、それが近世の本百姓につながる小経営農民の広汎な成立をもたらした。

こうした耕地は「ひらき」・「ほまち」などと呼ばれ、土地の売券や坪付（土地台帳）に記されている。その規模は零細で権利関係も複雑になるが、農民にとっては生活がかかった大切な財産である。そこで紛争も起こりやすく、領主は領民の土地を保護する責任から、隣の領主と争わなければならなくなる。毛利領内の民百姓が井上衆を頼ったのも、それと関わっていたと思われる。

郷村の発達と矛盾

小経営農民の広汎な成立は、郷村と呼ばれる新しい共同体の形成をもたらした。個別経営では担いきれないさまざまな課題があったからである。水田稲作では、田植えや稲刈りなどの農繁期に共同作業が必要となる。用水路の管理も共同で行われ、生産・生活に必要なさまざまな物資を供給する山野も、入会地として共同利用された。共同作業・共同利用には権利・義務がともない、紛争の要因となる。しかも、増加した小経営農民が利害関係者として登場することにより、問題は複雑化する。こうした状況に対応するための自治組織が必要となったのである。

陶方として毛利氏と激しく戦った山里一揆・山代一揆を構成する各村は、そうした郷村だった。その一つ玖島村では永正十二年（一五一五）、刀禰が百姓に対し、年貢・公事納入の義務を果たすことを前提に、対象となる土地の所持権を保証する文書を発給している。これは、荘園領主や地頭が有していた下地進止権という権限の行使であり、刀禰は郷村の代表として権限を掌握するようになったのだろう。見方を変えれば、年貢・公事の地下請が成立していると考えられる。さらに天文十年（一五四一）には、玖島村など「山里百姓等」が、年貢の納入をめぐり領主である厳島神社と争っているが、この地の公権力である大内氏の奉行人に訴状を提出しているのは、「山里刀禰」だった。このように、山里・山代では刀禰を代表とする郷村連合が成立していたのである。

郷村・郷村連合の役割は下地進止や対領主交渉にとどまらず、山野・用水利用をめぐり近隣郷村同士で争うことも珍しくなかった。天文十三年には、筑前の西山五ヶ村（警固・榊・曽賀部・新原・西山：福岡市早良区）が、領主である聖福寺（福岡市博多区）の代官と、共同用益地である龍山（福岡市早良区）の利用権をめぐり争っている。これは、代官が材木や薪炭用木の伐採権と用水利用権を、龍山と室見川でつながる下流の姪浜村（福岡市西区）などに売却しようとしたことが原因だった。永禄三年（一五六〇）ごろには、山里の南方にある厳島大願寺領玖波村（広島県大竹市）の百姓と、毛利氏家臣熊谷元実給地黒川村（広島県大竹市）の百姓の間で、境目にある玖波山の利用をめぐり紛争が起きている。これには、それぞれの領主が百姓の立場を代弁し、毛利氏の奉行が裁定にあたっていた。また、天正七年（一五七九）には、伯耆三朝郷（鳥取県東伯郡三朝町）の中津と小鹿の境界をめぐる争いが起き、領主の南条元続が裁定を行っている。このように、

17—山里玖島の景観（広島県廿日市市）

百姓や領主間の紛争が深刻になるなかで、上位の権力による裁定の意義が高まってくるのである。

郷村内部の対立

用水や境界という地域間の争いとは違う、土地所有の権利をめぐる紛争も存在した。中世農民の持つ土地所有権には名主職・作職などがあり、年貢などを納める義務を果たしつつ、経営をしたり加地子と呼ばれる地代を取得することが認められていた。それは、土地生産性が上昇し、年貢などを納めても安定的に剰余が確保できるようになったことを示している。この時期になると、土豪・地侍などと呼ばれる上層農民の間で、その所持や集積をめぐる紛争が激しくなった。

玖島村では、十四世紀初めには名主職や百姓職が成立していたことが認められる。これらの権利は、貸借関係などを通じて上層農民の下に集積されていった。特に郷村のリーダーであり年貢納入責任者でもある刀禰は、前述のように十六世紀に入ると下地進止権を掌握するようになり、その職権を利用して集積を進めた。そこで、刀禰の地位をめぐり、彼らの間で抗争が展開するようになる。

山代十三ヶ郷の一つ宇佐村（山口県岩国市）郷では、大永年代（一五二〇年代）に刀禰の大蔵左衛門尉が討ち果たされるという事件が起きている。村内の有力者である広兼兵衛助が、私欲深く農民を困苦させていると大蔵を批判したところ、かえって討たれてしまった。そこで広兼氏一族が大蔵宅を襲い、左衛門尉ら家族・奴僕七名を殺したというのである。彼らは一族や奴僕という武力を抱える土豪であり、広兼氏一族がのちに村の鎮守である八幡宮の願主・大宮司になっているように、土豪たちは刀禰や神官として村の運営の実権を握るべく、武力にも訴えて争っていたのである。

彼らはさしあたり、百姓という共通の立場から、郷村の自治に依拠して自らの地位を守っていた。山里・山代の郷村が一致して陶方に立ち毛利氏と戦ったのは、大内氏がそうした体制を容認していたからである。彼らに対する恩賞も「郷内課役免許」であり、武士に対する給地宛行とははっきり違っていた。しかし、戦乱という大変動は、彼らに新たな選択肢を与えることとなった。すでに述べたように、山代の阿賀村では土豪の三分一氏が一揆を裏切り、刀禰の錦見氏の首級を挙げて毛利方についた。さらには、「五ヶ」の刀禰たちが毛利方に転向し、後述するように、毛利氏の家臣になって武士化する道を選ぶことで、より確実な地位の保証を得たのである。

2　商品生産と流通の発展

地域の商品経済

それでは、商取引のほうはどうだろうか。小経営農民は一戸前の経営者であり、生産・生活に必要な物資を自ら調達する必要があったが、かつての大規模経営者のように、すべてを自給する能力はなかった。そこで、鋤・鍬のような農具や衣料原料の布などは、商品として購入しなければならなかった。当時の人口の大半を占める農民の商品経済への参入は、市場の発達を大きく促したのである。

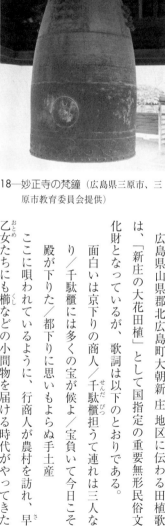

18—妙正寺の梵鐘（広島県三原市、三原市教育委員会提供）

広島県山県郡北広島町大朝新庄地区に伝わる田植歌は、「新庄の大花田植」として国指定の重要無形民俗文化財となっているが、歌詞は以下のとおりである。

　面白いは京下りの商人／千駄櫃担うて連れは三人なり／千駄櫃には多くの宝が候よ／宝負いて今日こそ殿が下りた／都下りに思いもよらぬ手土産

ここに唄われているように、行商人が農村を訪れ、早乙女たちにも櫛などの小間物を届ける時代がやってきたのは、このころだったと思われる。彼女たちは、手間賃として銭を与えられていたのかもしれない。

農民たちは商品を手に入れるために、銭を調達しなければならなかった。また、年貢の銭納も普及していたので、米を商品として販売する必要があった。それだけでなく、山里の百姓の場合は、厳島神社に納める年貢銭を、伐採した材木を廿日市で売って入手していた。こうして材木や薪炭が商品化したことは、山野利用をめぐる争いの深刻化につながった。玖波山の利用をめぐり黒川村と争った玖波村の百姓は、黒川衆が炭焼きに入山すると、山の木がことごとく切り払われてしまうと主張した。自給用ならば需要には限りがあるが、商品用となるとその限度を超えて広がるのである。

農民の商品生産者化とともに、地域の商品経済の発展を示すのは、商工業者の定住である。寺社の鐘・灯籠や、鋤・鍬などの農具、鍋・釜などの日用品を生産する鋳物師は、中世前期には河内丹南郡（大阪府東南部）に集住し、全国を巡回して営業していたが、室町時代以降は地域に定住するようになった。それでも生活が成り立つほど、地域の需要が増大したのである。備後では十五世紀ごろまでに、丹治氏という鋳物師が御調郡宇津戸（広島県世羅郡世羅町）を拠点に活動するようになった。丹治氏は山名・尼子氏らから「備後国鋳師惣大工職」を安堵され、国内の営業独占権を認められていた。しかし十六世紀後半になると、地域内での競争が激しくなり、丹治氏は尾道浄土寺の鐘の鋳造をめぐり、安芸廿日市の鋳物師との間で紛争を繰り返した。商品経済の地域的発展は、関係者の利害調整のための公権力の役割を大きくさせることになったのである。

特産品の誕生

地域で生産される商品の中には、地域内部の需要に応じるだけでなく、広く全国向けに販売されるようになるものもあった。それらは地域名をブランドとしている場合が多い。他地域の産物と差別化し、品質の良さを誇るためだろう。畳表の高級品である「備後表」も、その一つである。この名称が最初に文献で確認されるのは、長禄四年（一四六〇）のことである。背景には民家での畳使用の普及があり、産地の沼隈郡（広島県福山市・尾道市）では、原料である藺草の栽培が永正〜天文年間（十六世紀前半）に発展したとされている。贈答品としても使われ、備後の浄土真宗門徒から本願寺に贈られたり、小早川隆景や毛利輝元から豊臣秀吉に贈られたりしている。ただし、上質のものは商品に使われ、贈答品には粗悪なものが使われる場合があったようで、輝元は担当者を叱責している。

同じような地域ブランドには、周防徳地（山口市）で生産された「得地紙」があり、大内義興は大永七年（一五二七）、琉球との通交に際し「得地紙」五十帖を贈っている。周防の製紙としては、近世の萩藩財政を支えた山代地方（山口県岩国市）の「山代紙」も有名で、永禄年間（十六世紀後半）に開始されたとする説もある。

山陰地方では、出雲を中心に因幡（鳥取県東部）・伯耆などで砂鉄を原料とするたたら製鉄が盛んだった。戦国時代には、出雲鉄の積み出し港として宇龍浦（島根県出雲市）が繁栄した。宇龍浦には各地から船が訪れたが、その中には「北国船」もあった。当時「北国」といえば北陸地方のことであり、日本海水運を通じて宇龍浦まで鉄の買い付けに来ていたのである。越後（新潟県）の大名上杉謙信が、永禄三年（一五六〇）に府内（新潟県上越市）に発布した法令には、「鉄役」を免除するという条項がある。膝下の湊直江津には鉄を積んだ船が来港していたわけで、その産地はおそらく山陰地方だっただろう。

特に地域ブランド化してはいないが、瀬戸内海沿岸産の塩や土佐産の材木などが以前から商品として広域的に流通していたことは、文安二年（一四四五）に作成された「兵庫北関入船納帳」（今の神戸港に入港した船から徴収した関税の台帳）の記載から明らかである。また、備前長船など「備前物」と呼ばれる刀剣は、平安時代から名が知られていたが、戦国時代になると需要の増加に応じて大量に生産されるようになった。

このように、各地域で特性に応じた商品が生産され、全国的に流通するようになると、輸送ルートとなる陸運・水運は活発化し、媒介材としての貨幣の役割はいっそう高まった。そこで次に、これらの状況についてみてみよう。

陸上交通の発展と管理

戦国時代西日本の生産発展で最も注目されるのは、石見大森銀山における爆発的増産である。それは「プロローグ」で述べた明による海禁の破綻と関わり、次章で述べるように東アジア国際関係を変化させる起動力となったが、国内の流通にも大きな影響を与えた。鉱山開発・採掘は、鉱夫など多くの労働力を必要とする。さらに彼らの生活を支える多様な人々が集まり、『銀山記』という書物によれば、銀山町は家数一万三千軒におよんだという。それは誇張にしても、人口数万という当時でいえば堺・博多に匹敵する大都市が生まれたのである。この膨大な人口を当てこんで、食料・衣料・生産資材などを売りこむ商人が、遠くは畿内からも殺到するようになった。

当然、交通路がにぎわうようになるわけで、瀬戸内海や山陽道から中国山地を越えて銀山へと向かうルートも、出入りの商人の往来が激しくなっていた。このルートは石見と境を接する毛利領も通っていたが、当時の道路は地域の住民が維持・管理にあたっており、その対価として「駒足銭」という通行税のようなものを徴収していた。それまでは毛利氏が権利を握っていたが、商人の頻繁な往来に目をつけた一族や家臣が、勝手に賦課するようになった。そのため、負担を嫌う商人たちが通らなくなる事態が、危惧される状況になってしまった。こうした事態をうけてのことと思われるが、前章で取りあげた井上衆誅伐事件後の起請文では、用水路とともに道路も「上様（うえさま）」が管理権限を握ることが認められている。個別利益の追求が全体の損失を生み出しており、利害を調整し交通の障害を除く、広域的公権力の役割が高まったことを物語っているといえよう。

19—石見銀山の龍源寺間歩

20—大森の町並み

海上交通の発展

西国の海上交通の主軸をなす瀬戸内海では、海賊衆・警固衆と呼ばれる海上武装勢力が、航行する船舶の安全を保障し、見返りに「警固料」「駄別料」と呼ばれる通行税を徴収していた。前述のように陶晴賢は海賊衆の通行税徴収を禁じたが、彼らの反発を受け厳島合戦敗北の一因となった。その後、因島・能島・来島の村上三家は基本的に毛利氏と良好な関係を結び、発展する商品輸送の保護にあたった。赤間関（山口県下関市）の商人佐甲氏は、大内氏時代には「問役」という役職に就き関銭の徴収にあたっていたが、毛利氏時代には能島村上氏と緊密な関係を結び、通行税を免除されるとともに、通行許可を示す「紋幕」を与えられ、活発な商業活動を行った。

堺と四国の太平洋側・南九州を結び、さらに中国の寧波や琉球に向かう南海航路も、戦国時代には重要な役割を果たしていた。応仁の乱後、細川氏の仕立てた遣明船がこのルートをとったことは有名だが、堺商人は朝貢品を入手するため琉球に渡航している。また前述のように、土佐中村を拠点とした一条氏も、特産の材木の移出だけでなく、琉球・朝鮮・明との貿易を行った可能性が指摘されている。その後も土佐の浦戸湾と南九州の間を廻船が往来しており、長宗我部・島津という大名間の交易へと発展している。大友氏もこのルートを使って琉球・東南アジアとの貿易を行っており、島津氏と争う一因ともなっていた。

日本海航路についていえば、山陰鉄の北国との交易を指摘しておいたが、宇龍浦には因幡や但馬

21—石見銀山山吹城から温泉津を望む

（兵庫県北部）の船も着岸していた。さらに石見銀山の隆盛とともに「唐船」も来航するようになって、ますます交通は活発化し、山陰沿岸の港湾都市が発展をみせた。その一つに石見益田（島根県益田市）の中須湊があり、ここを通じて国衆益田氏は、蝦夷地の昆布や朝鮮の虎皮などを入手し、贈答品などにしていた。また、石見銀の積み出し港温泉津（島根県大田市）からは豊後府内や薩摩に至る航路もあり、銀山は陸路・海路を通じて西日本全体と結ばれていたといえる。

都市と地域市場

こうした商品経済と水陸交通の発展は、その結節点となる都市のあり方にも影響を与えた。博多は、大宰府の鴻臚館が設置されて以来対外交流の窓口であり、瀬戸内海・日本海・南海の航路がここで出会い、さらに対馬から朝鮮、五島から中国への航路が延びる、東アジア交易の十字路の位置を占めていた。石見銀山の開発にあたったのが、朝鮮から灰吹法を導入した博多商人神屋寿禎だったように、戦国時代になってもその位置は変わっていなかった。しかし、大内氏の滅亡にともない対明朝貢貿易が終焉し、永禄二年（一五五九）の大友氏に対する秋月氏の反乱や、天正八年（一五八〇）の龍造寺隆信の侵攻により、町が灰燼に帰すなかで衰退し、倭寇やポルトガル勢力が拠点とした肥前平戸（長崎県平戸市）や長崎（長崎市）に、貿易拠点の地位を奪われた。一方で、薩摩の坊津（鹿児島県南さつま市）は南海航路の要港として遣明船が寄港し、また島津氏の対明・琉球貿易の根拠地として発展した。坊津は、一六二一年に刊行された中国の兵法書である『武備志』で、「伊勢安濃津」（三重県津市）・「筑前博多津」とともに日本三津の一つにあげられている。

22—坊津

瀬戸内海沿岸の都市は、内陸部とのつながりを強め市場圏を拡大した。防府宮市（山口県防府市）は、山陽道と山口への街道の分岐点に立地し、松崎天満宮の門前市として発達した。大内氏の統治下では、合物座の長である兄部氏が統轄しており、十六世紀には佐波郡全体に統轄圏を広げていた。そこでは、兄部氏の徴収する「津料」という税を忌避するため、「こあきんど」と呼ばれる周辺地域の小商人が、外港である三田尻（山口県防府市）に商品の薪炭を回送する動きがみられた。農村を拠点とする商人が、直接遠隔地域との交易を行おうとしているのだが、それだけ地域に根ざした市場圏が広がり、その中心である都市の役割が強まっていることを示しているといえよう。また、厳島は日明貿易の中継港である門前町で、唐錦・練繰（よりをかけていない絹糸）や薬種などの輸入品が取引されていたが、対岸の廿日市とも日常物資の交易を通じてつながっていた。廿日市には番匠・鋳物師・紺掻などの職人が居住し、厳島神社が必要とする物資・労働を提供していた。廿日市の役割は、それだけではなかった。前述のように、後背地に位置する山里の百姓たちは、厳島に納入する年貢銭を調達するために、ここで材木を販売していた。そうした地域市場圏の中核でもあったのである。

このように地域市場圏が広がり、中心となる都市に集まる人々が増加・多様化すると、新たな問題も発生することになる。杵築大社の門前町杵築（島根県出雲市）は、石見東部から伯耆に広がる商圏を有しており、領主である千家・北島の両国造家の支配下、参詣者を案内する御師で商人を兼ねる「御供宿」の経営者たちが、「惣中」を形成して運営にあたっていた。石見銀山の開発が進むと、杵築は銀山へさまざまな物資を搬入する拠点となり、大和（奈良県）・丹波（京都府中部・兵庫県東北部）・山城（京都府）などから商人が訪れ、町内でも新興勢力が台頭した。その影響を受けて、周辺の塩冶・平田・直江・神西（いずれも島根県出雲市）の流通機能が後退し、杵築の優位性はますます強化した。しかし一方、町内で喧嘩・盗み・火事や商取引をめぐる紛争が頻発するようになり、「惣中」や国造家の手に余るようになった。そこで天文二十一年（一五五二）、尼子氏がはじめて杵築に対する法度を公布した。ここでも、強力な広域的公権力による秩序維持が求められるようになっていたのである。

貨幣流通と撰銭問題

このように商品経済が発達すれば、流通手段としての貨幣の役割が増加せざるをえない。ところが戦国時代の日本では、貨幣流通を阻害する撰銭という問題が発生していた。撰銭とは、売買などの取引や年貢などの徴収において、特定の貨幣の受け取りを拒否することである。

中世の日本では、朝廷や幕府といった国家権力が貨幣を発行することはなく、中国から輸入した永楽通宝などの「渡唐銭」が通貨として使われていた。「渡唐銭」は中国の王朝である宋や明が鋳造・発行した銅銭で、その価値は種類によらず一枚＝一文で通用していた。日本では、貨幣需要の増加により「渡唐銭」だけでは間にあわず、それを模した私鋳銭も鋳造されたが、それらも一枚＝一文として通用していた。ところが、十五世紀に入ると事態が変わった。明王朝が一条鞭法を導入し、銅銭に替わって銀で租税を徴収するようになったのである。これにより銅銭は国家による受け取りの保証を失い、その価値は市場で取引する人たちの判断に委ねられることになった。ここから、まず中国で十五世紀中ごろに撰銭問題が発生し、貿易を通じて日本にも波及してきたのである。

その兆候が最初に現れるのは、朝貢貿易を通じて「渡唐銭」を大量に輸入していた大内氏の領国だった。文明十七年（一四八五）に日本最初の撰銭禁止令（特定の銭の受取を強制する法令）を発したのが、大内氏だったのはそのためである。この法令では、「永楽」・「宣徳」銭を一定の割合で使うことを強制しており、「渡唐銭」の価値維持をはかったものと考えられる。しかし一方、大内領国では銭の種類に「清料」「精銭」と「当料」「並銭」という区別があり、お互いの間には「和利」という換算率が存在していた。銭一枚の価値に違いが生じていたのである。価値の高い精銭は汎用性があり、遠隔地との交易にも使用可能だった。そのため、高級品を買い求める支配層には必要だったが、一般民衆には入手が難しかった。前述した年貢納入をめぐる厳島神社と山里の百姓との争いの原因も、この問題にあった。山里の百姓が廿日市で入手したのは「当時通世銭」「当国諸商売銭」だったが、厳島神社は「悪料」（悪銭）だとして受け取りを拒否したのである。大内氏はもちろん支配層に属するが、貨幣の円滑な流通を管理する立場から、厳島神社側に「悪料」の受け取りを命じている。

ここでも、商品経済の展開における地域公権力の役割が見いだせるが、そこには限界があったことも見逃せない。支配領域内の貨幣の授受については規制力を発揮できるが、領域外との取引にまではおよばないことである。畿内と地方など遠隔地間の取引が盛んになるなかで、この問題は全国統一政権でなければ根本的解決ができなかったのである。

3 一宮の変貌

杵築大社

平安時代以降に設定され、国司による統合に利用された各国の一宮は、この時代になるとさまざまな変貌をとげた。杵築大社（近代に入り、出雲大社と改称）は、大和時代に国家的事業として創建され、大国主神や中世の一時期には素戔嗚尊も祭神とした出雲一宮である。中世には、神仏習合の影響で近くの天台宗鰐淵寺が神宮寺となり、僧侶が神事において読経する事態も生まれ、まさに出雲最大の宗教的権威として勢力を振るった。その信仰圏は、御師の活動範囲としてみると、出雲・伯耆・石見東部・備後北部におよんでいる。一宮である大社の運営は、鎌倉時代には幕府や守護の支配下で行われたが、南北朝期以後は、国人領主化した千家・北島の出雲国造家が、神官職の任免権を掌握し御師を被官化することなどにより、自立性を強化していった。

23—杵築（出雲）大社

　戦国時代に入ると、新しい動向が生まれた。尼子氏は、国造家と婚姻関係を結んだり、上級神官の職権や知行を安堵するなど、国造家権力内部への浸透をはかった。造営事業においても、経久や晴久など歴代当主が願主となり、費用徴収にあたる「本願」という役職を新設し、本拠富田にある禅宗寺院洞光寺の末寺の僧を任命している。また前述のように、門前町杵築に対する法令発布などにより御師に対する影響力も強めた。尼子氏を滅ぼした毛利氏はさらに、上級神官に左衛門大夫・兵部少輔といった官途名を与えて主従的関係を形成し、その任免権も行使するようになった。遷宮においては「社奉行」という役職を新設し、国造家が果たしていた役割を担わせた。

こうして杵築大社は、戦国大名の統制下に入り、その地域公権力としての支配をイデオロギー的に支える役割を果たすようになった。益田・宍道・周布・南条氏ら山陰地方の国衆たちが、毛利氏や山陰支配を担当する吉川元春・元長らに提出した起請文には、杵築大社の名前が載っている。彼らの信仰が、毛利氏への服従の回路ともなっていたのである。

厳島神社

厳島神社は、社伝によれば六世紀末に市杵島姫命ら宗像神社（福岡県宗像市）の祭神を迎えて創建され、のちに安芸一宮となった。十二世紀には、安芸国守などを歴任した清盛をはじめ、西国に勢力を伸ばした平氏の崇敬をうけ、瀬戸内海交通の守護神として発展した。室町時代に入り対明貿易や対朝鮮貿易が盛んになると、京・堺や博多の商人が貿易船の中継港でもある厳島を訪れて貿易品の交易にあたり、上洛する唐人が立ち寄ることもあった。彼らは海上守護神である厳島を信仰し、博多の講衆が釣灯籠を寄進したり、堺南北商人たちが三十六歌仙の図を寄進したりしている。また瀬戸内海の海賊衆は、厳島を商人たちから駄別安堵料を徴収する場としており、その党類のうちには厳島神社の供僧になる者もいた。神主家とのつながりも深く、天文十年（一五四一）に神主の友田興藤が大内氏と戦った際は、能島水軍が彼の召集により厳島に参陣している。

厳島の神主は、創建者である佐伯氏の一族が継承していたが、承久の乱で宮方についたためその地位を追われ、かわって鎌倉御家人の藤原親実の一族が神主家となった。藤原家は大内氏や安芸武田氏と連携してその地位を守っていたが、最後は友田（藤原）興藤・広就兄弟が大内義隆との争いに敗れ滅亡してしまった。義隆は、友田氏と同族の小方氏の姻戚である家臣の杉隆真に神主家を継がせ、佐伯景教と名乗らせた。しかし、他の国衆に社領を蚕食された神主家に力はなく、大内氏の御師だった社家の棚守（野坂）房顕が、「社家三方惣奉行」（社人・内侍・供僧の統轄職）に任命され、運営の実権を握ることとなった。

24—厳島神社（フォトライブラリー提供）

房顕は毛利氏の御師でもあり、陶隆房（晴賢）のクーデター後は元就と通じ、厳島合戦の際には元就のもとに久米・巻数を届け戦勝を祈った。合戦勝利後、元就はますます厳島への崇敬を深め、合戦のたびに勝利を祈願し、所領の寄進を重ねた。元亀二年（一五七一）には本社殿の大造営を行い、京都から吉田兼右を迎え盛大に遷宮式を挙行した。同時に、社職の補任権や社家間の相論の裁定権を握り、門前町の「惣中」に対しては役人が直接支配する体制をとった。それだけでなく、対岸の桜尾城には重臣の桂元澄や息子の穂田元清を城主として配置し、厳島神社に対する指揮命令・監督を担当させた。毛利氏が、瀬戸内海周辺の人々に対して厳島神社が持つ宗教的影響力を、自らの統制の下で発揮させようとしていたことは、杵築大社の場合と同じであり、この地域の国衆や海賊衆が毛利氏に提出する起請文には、必ず厳島大明神の名が載せられているのである。

宇佐神宮

宇佐神宮（大分県宇佐市）は、誉田別命＝応神天皇の神霊とされる八幡大神を祭神とする、全国八幡神社の総社であり豊前一宮でもある。天皇の祖神として朝廷の尊崇があつく、豊前・豊後をはじめとする九州北部に広大な荘園を領し権勢を誇った。八幡神は、清和源氏が氏神と仰いだことなどから、武の神として多くの武士の信仰を得ており、治承・寿永の乱では大宮司が平家方についたが、源頼朝の保護を受けて没落は免れた。また蒙古襲来に際しては、「異国降伏」の祈禱の成果があったとして、鎌倉幕府の神領興行により所領の回復を実現した。

しかし在地武士の反発も強く、十四世紀初めに起きた大火災により堂舎がことごとく焼け落ちると、再建がままならないまま南北朝内乱に突入してしまった。そのなかで豊前守護職を得た大内氏は、豊前支配とともに九州支配のイデオロギー的拠点として宇佐宮再興に力を尽くし、応永年間（十五世紀前半）に堂舎の造営や行事の復興が続いた。

大内氏が滅亡し大友氏が豊前を支配するようになると、状況はまた変わった。大友氏は豊後一宮である柞原八幡宮（大分市）を領国鎮守神として崇敬しており、宇佐神宮に対しては豊後安岐郷にある奈多八幡宮（大分県杵築市）の大宮司奈多氏を社奉行に任じて社領を管轄させた。奈多氏はこの地位を利用して社領を侵食していたようで、宇佐神宮社家との対立が深まった。耳川の戦いの敗北で大友氏が動揺すると、宇佐神宮社家の宮成公基・益永統世・時枝鎮継らが秋月氏に通じて大友氏から離反し、天正九年（一五八一）に大友軍七千に包囲され焼き討ちをうけている。兵火による焼失ははじめてのことであり、再建は豊臣政権下で豊前に入部した黒田氏によって果たされた。

諸国一宮

国単位での広域的統合を実現した戦国大名が、拠点の一宮を支配の手段として利用した例は、各地でみられる。土佐一宮である土佐神社（高知市）は、永正六年（一五〇九）に兵乱により焼失したが、長宗我部元親は永禄十年（一五六七）から再興事業を開始し、一族・譜代家臣だけでなく国内の有力国衆から小規模領主までに幅広く「一宮いりかけ人夫」という夫役を課した。これにより元親は、一宮を保護する国主の地位を誇示するとともに、家臣に対する統制力の強化を果たすこととなった。

25―宇佐神宮（ツーリズムおおいた提供）

大隅一宮である鹿児島神宮（鹿児島県霧島市）は、近世までは正八幡宮と呼ばれ、大隅在住の領主たちの結集拠点となっていた。天文十七年（一五四八）に大隅守護代本田董親を追放した島津貴久（第一章第四節参照）は、正八幡宮を管掌下に入れ、戦火で焼失した社殿の復興や神体の造立を行いあつく尊崇した。

4 武士と文化のたしなみ

多胡辰敬家訓

本章で述べてきた時代の変化にともない、武士の世界観や人生観も大きく変化した。尼子氏家臣の多胡辰敬が、天文十三年（一五四四）から永禄五年（一五六二）の間に作成した「家訓」には、それがはっきりと表われている。辰敬は、若くして京都に上り出雲に帰ったのちも諸国を巡るなかで、「心を働かせて心にて事をなす」のが最高の生き方だと考える境地に達した。それからは心を正直に保ち命よりも名を重んじて、帰国後は国の大事のために二千貫の知行で石見刺鹿城（島根県大田市）主をつとめたという。

「家訓」は二つの部分に分かれている。第一には、わきまえるべき技能として、手習い・学文（問）、弓、算用、馬乗、医師、連歌、包丁（料理）、乱舞（演奏）、蹴鞠、しつけ、細工、花、兵法、相撲、盤上遊び（囲碁・将棋）、鷹、容儀（服装）の十七か条があげられている。第二には、心の持ちよう、さまざまな身分の人とのつきあい方、日常生活の過ごし方、人の使い方などに関する注意が、九か条にわたり詳しく述べられている。

そこで強調されているのは、「内の者を折檻するなら、まず我が身を折檻せよ」というように、人倫の道の大切さである。同時に辰敬は、「人と生まれて物を書かないのは、嘆かわしいことである。学問のない人は理非をわきまえることができない。理非を知らずに物をいっても人の耳には入らないので、犬が吠えるのより劣っている。習ったことを書いておけば、忘れることはない」という。道理すなわち正しいもののあり方・生き方を知るためには、学問が不可欠だと強調しているのである。

そこで重視されているのは「算用」である。なぜなら「国を治め、郡・郷・庄・村・里を管理し、田畠を経営するのも、みな算用だからである」。また「算用は、商い・貸借はいうまでもなく、奉公や職務遂行にも必須である。算用を知らぬ者は、生活に必要な費用の額も知らず、生死輪廻も知らずに物をほしがり、寿命も知らずに生きたがるので、心に迷いが生じる。算用を知れば道理を知る、道理を知れば迷いがない」。すなわち、人生のあらゆる面において、算用に基づく合理的生き方が大切だと主張しているのである。

市場経済の発展により、物事の価値を貨幣量に換算する思考が広がり、武士の世界でも奉公のあり方を給地の規模で決める貫高制が導入される時代になっていた（第五章第3節参照）。多胡辰敬のような人物が登場したことは、戦国大名の家臣においても、そうした合理主義的精神が広まっていたことを示すものといえよう。

玉木吉保の学問

それでは、当時の武士たちはどのような学問をしていたのだろうか。それを知ることのできる絶好の史料が残っている。毛利氏の家臣玉木土佐守吉保が、元和三年（一六一七）に六十六歳で書いた自叙伝『身自鏡』である。このような自叙伝を「一介の」大名家臣が書くこと自体、著者の知性のほどが知られるが、実際に少年時代に研鑽を積んだ様子が、克明に書かれている。

吉保は十三歳で元服すると、「学文」のため真言宗寺院勝楽寺に登り、「いろは」から入り仮名文・漢字の書き方を学んだ。一方で、般若心経・観音経を読みながら、初級者向けの教科書である『庭訓往来』や『童子教』・『実語教』、さらには「御成敗式目」を十三歳のうちに読み終えた。十四歳になると、『論語』・『和漢朗詠集』・四書五経や、兵法書の古典である『六韜三略』などを多読した。十五歳では草書・行書をマスターしたので楷書の練習に移り、読み物は『万葉集』や古今集などの勅撰和歌集、『伊勢物語』や『源氏物語』へと広がり、柿本人麻呂・山辺赤人・藤原定家・藤原家隆らの和歌を学び、自らも和歌・連歌を詠むようになった。このように短期間に集中して勉学に励んでおり、朝早く起きて身なりを整えると、本尊をはじめとする大小の仏神を拝し、朝食後は終日手習いをし、夜には蛍雪の光で読書にふけったという。

十六歳で寺を辞し、弓・蹴鞠・乗馬などの遊興にふけったが、その要諦を詠み込んだ和歌を記録している。その後尼子・大友との合戦に従軍したが、十八歳で役目がなくなると書道・仮名遣いなどの学習を再開し、このころ学んだのか里村紹巴が作った連歌式目に関し蘊蓄を傾けている。そのほかにも、茶の湯の際の懐石料理や食べ合わせについて学んだ成果を、細かく記録している。三十歳からは八年にわたって毛利氏の惣国検地の役人を担当しているが、細かい数字も書き記しており、かつ五十代には江戸で勘定役をつとめているので、「算用」の知識も豊かだったのかもしれない。さらには、大坂で学んだ茶の湯の心得や、薬の効用を歌にしたものを書き留めたり、五十九歳で「医文車輪書」という病気の治療を合戦に擬した戯作を作ったりしているので、生涯にわたり「学文」に対する好奇心は尽きなかったようである。

吉保が学問を始めたのは十三歳の時だったが、『世鏡抄』という教訓書では、学問のために寺に入るのは、七歳が一番よく遅くても十歳までであり、十三歳が下山の年だとされている。したがって、土佐守は晩学だったといえるが、それだけ学問への意気込みも大きかったのかもしれない。

上井覚兼と文芸

上井覚兼は島津氏の家臣で、父薫兼の跡を継いで薩摩永吉郷（鹿児島県日置市）の地頭（第一章第4節「島津貴久の大隅制覇」参照）となったが、天正元年（一五七二）に二十九歳で義久の側近である奏者に抜擢され、さらに老中職に就いた。島津氏が日向に進出すると、宮崎地頭を兼ねて義久の末弟家久の日向支配を補佐した。島津氏の九州征服過程では、日向勢を率いて肥後・肥前・筑前・豊後に出陣している。

このように、島津家の重臣として活躍した覚兼だが、当時の武士としては珍しく日記をつけていて、

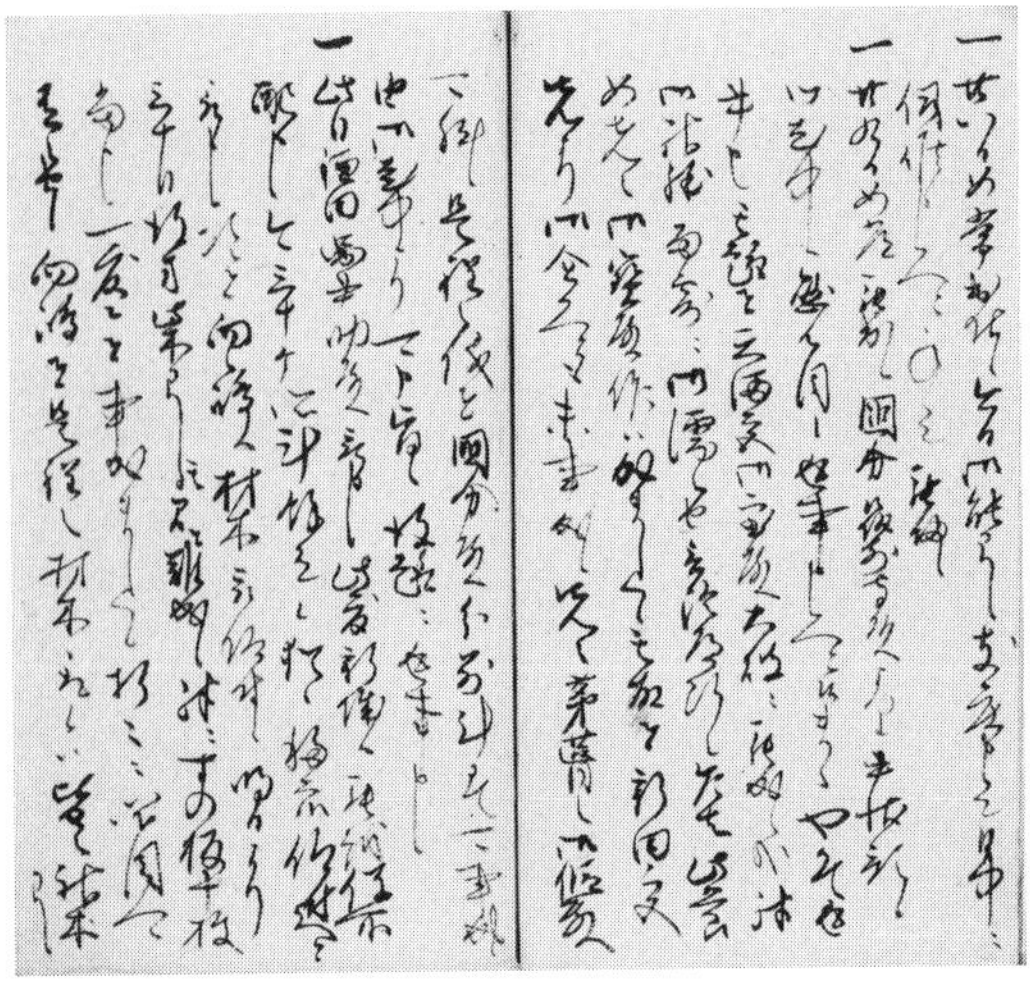

26―『上井覚兼日記』（東京大学史料編纂所所蔵）

その記述から、彼が多様な文芸などに親しむ教養人だったことが知られる。覚兼は、天文十四年（一五四五）に大隅上井邑（鹿児島県霧島市）で生まれ、父薫兼とともに永吉郷に移り、十歳で文解山という寺に登って修学した。そこでは大した勉強をしなかったが、十七歳で転機が訪れた。京都から元関白近衛稙家の使いとして進藤長治が薩摩に下向した際に連歌会が開かれ、覚兼にも列席が命じられたのである。稽古の必要を感じた覚兼は、地元の人で連歌の素養の深い高城珠玄・珠長父子にイロハから教わった。のちには、京都から下向した僧清誉芳渓や元関白近衛前久からも連歌・和歌の講習を受けた。

ここから、諧謔性のある俳諧や絶句などの詩作にも関心を広げ、『太平記』・『平家物語』などの読み聞かせも行っている。文芸以外の芸能にも幅広く興味をもち、弓・乗馬・鵜飼・釣り・狩りなどを好んで行った。茶の湯はもちろん、座を飾る立花にも造詣が深く池坊流を学んだとのことである。

このように覚兼が多様な芸能に関心を持ち造詣が深かった理由は、二つ考えられる。一つは、島津氏が島津荘の領主近衛家と鎌倉時代以来関わりが深く、さまざまな芸能関係者が京都から下向しており、さらに応仁の乱後は、生活の糧を求める公家たちが地方を訪れる機会が多くなったことである。近衛家が盛んに使いを下向させたのも、経済的援助を求めてのことだった。もう一つ忘れてはならないのは、玉木吉保が弓（的矢）・蹴鞠・茶の湯について、「皆人存知」として詳しく記そうとしなかったように、こうした文化を受容する人々が地方で幅広く成立していたことである。特に連歌・茶の湯・蹴鞠などは、武士同士の結びつきを深めるつきあいとして大切だった。覚兼自身は蹴鞠には興味がなかったようだが、若侍たちのために庭に四本の木を植えて会場を整備している。国人一揆や大名家中など、新しい武士の結集体が生まれるなかで、メンバーの一体感を醸成するうえで、その意義はとりわけ大きかったといえよう。

大名の教養と教育

彼らの上に立つ戦国大名にも、教養深く子弟教育にも熱心な人が多かった。毛利元就が家督を継ぐときに、「毛利の家わしのはを次脇柱」という連歌の発句を詠んだのは、有名な話である。長男である興元の早世をうけて、二男の自分が毛利家を継ぐことになったという意味だが、控えめながら宗家の発展を期す意気込みが示されている。その後も元就は連歌や和歌をたしなみ、尼子氏との戦いに際しては勝利を祈願して杵築大社に万句を奉納している。その作品は、死後に『春霞集』上（歌集）・下（連歌集）としてまとめられた。安芸に下向していた聖護院道澄が編集にあたり、三条西実澄と里村紹巴の評も載せられている。「文学的価値はほとんど認めがたい」という評価もあるようだが、「一体に優雅で手堅い作風に特色があり、余技の域を脱している」ともされている。

息子たちもこれを受け継ぎ、長男隆元は厳島神社に連歌会所を造営し、ここで月次連歌が開かれるようになり、孫の輝元らは朝鮮侵略の際に戦勝祈願の万句を奉納している。また二男吉川元春は、尼子氏の富田月山城包囲戦の陣中で、足かけ三年をかけて『太平記』全四十巻を筆写した。字体は流麗にして雄渾であり、文化的素養の高さをうかがわせると評価されている。

土佐を統一し四国制覇を目指した長宗我部元親は、子弟の教育にも熱心だった。『元親記』という伝記によれば、元親は、居城の岡豊城（高知県南国市）下の子どもを集め、吸江庵（高知市）の真蔵主・忍蔵主という僧を師匠にして、手習い・文学を学ばせた。また長男信親を教育するために、さまざまな専門家を集めた。太鼓は似我惣左衛門、笛は玄笛弟子の小野金丞、謡は藤田弟子の宗印、鼓は勝部勘兵衛、蹴鞠は飛鳥井曽衣という者たちを京都や堺から呼び寄せ、知行を与えて居住させるなどした。彼らの指南には多くの弟子がついたというので、教わったのは信親だけではなかっただろう。同時に、桑名太郎左衛門・中嶋与一兵衛という家臣を京都に派遣し、三年かけて小笠原流の弓術を習得させてもいる。このほかにも、囲碁・乗馬・槍・長刀・太刀などの師が集められている。元親の妻は奉公衆の家柄である石谷氏出身であり、石谷家が京都との交流の仲介役を果たしていたと考えられる。信親は聡明で礼儀正しく身体能力も高かったとされ、元親は深い愛情を注いでいた。しかし、豊臣政権の島津氏攻撃に従軍し天正十四年（一五八六）の戸次川（へつぎがわ）の戦いで戦死した。その報を聞いた元親は、悲嘆にくれて泣き崩れたという。

三　東シナ海地域の変動

1　朝貢貿易の終了と西国大名

王直の平戸移住

「プロローグ」で述べたように、十六世紀前半の東アジアでは、明王朝を頂点とする冊封体制的国際秩序が動揺し、後期倭寇による密貿易が盛んになった。それを促したのは、中国における銀需要の高まりによる、日明貿易の発展だった。このころ明では、韃靼（モンゴル）の軍事的脅威が強まり、北方に配備した大軍への物資供給が戦争景気を引き起こしていた。そこで使われる貨幣が銀だったのであり、石見銀山の爆発的増産も、この需要を見込んでのものだったと考えられる。「北虜南倭」という事態は、このような関連のなかで生まれたのである。折しも弘治三年（一五五七）に大内氏が滅亡し、担い手を失った朝貢貿易は天文十八年（一五四九）をもって終了した。西国の諸勢力が、独自の立場から外交・貿易を展開する時代が、本格的に始まったのである。

それを主導したのは、倭寇の頭目として知られる王直だった。王直は中国安徽省出身で、同郷の許東兄弟を頭目とする密貿易集団に身を投じ、寧波沖合の舟山列島にある双嶼を拠点に活動するようになった。彼の活動は日本・暹羅・南海諸島に広がり、禁制品の硫黄・硝石・生糸などを輸出することにより、巨万の富を得たという。その際王直は、博多出身の日本人助左衛門らを双嶼に連れてきたりもしていた。また許東らは、マラッカに進出していたポルトガル人を双嶼（ポルトガル人はリャンポーと呼んだ）に招き寄せ、密貿易に参加させた。「鉄炮伝来」で有名な、天文十二年に種子島に到来したポルトガル船には、「大明儒生五峰」という人物が同乗し通訳の役割を果たしていたが、この人物こそ王直だった。

一五四八年に起きた朱紈の倭寇弾圧の際、許東らの頭目たちは逮捕・処刑されたが、王直は日本の五島（長崎県五島市）、さらに平戸（長崎県平戸市）に逃れ、ここを拠点に倭寇の頭目としての活動を行うようになった。平戸では、唐様の居館を構え党類二千人余を従えて豪奢な生活を送り、「大唐街」と呼ばれる唐人町も形成されたという。平戸の領主松浦隆信との関係を語る直接の史料はないが、お

27―王直屋敷跡と六角井戸（平戸観光協会提供）

そらく対明貿易に熱心だった隆信の勧誘があったと考えられている。「大明儒生五峰」の名の通り、王直は儒学を修めており、そのせいか平穏な商取引を志し、交易関係者の保護や紛争の調停にもあたっていた。それにより一定の秩序を形成する役割を果たしていたのであり、「倭寇王」的地位にあったといえる。

のちに王直は、倭寇の被害に苦慮した明が禁圧を求めて日本に派遣した宣諭使と会い、中国に残した妻子の様子を伝えられ、「罪は問わず、海禁を緩めて開市を許す」という条件を提示されると、望郷の念に駆られたのか、部下千人とともに帰国を決意した。しかし約束は守られず、舟山本島に着いた王直らは官憲に捕らわれ、一五五九年、斬首に処せられた。

大友氏の東アジア貿易

王直が帰国した際、大友氏は開市への期待を込め、徳陽・善妙という二人の僧を朝貢の使節として随行させていた。それだけでなく、大型船を建造し使節とともに中国に向かわせ、さっそくにも貿易を開始しようとした。大友氏の貿易というと南蛮貿易が有名だが、実は、以前より日明貿易に熱心だったのである。前述のように、日明貿易は幕府の使節による朝貢という形で行われていたが、守護などにも参加が許されていた。細川・大内氏が代表的だが、大友氏も宝徳三年（一四五一）の第十一次遣明船の六号船を仕立てている。また輸出品である硫黄を領国から調進したり、帰朝した船の警固を担当するなどの関わりももっていた。大友義鑑は天文十五年（一五四六）に、幕府から勘合を受けたとして使僧梁清を明に遣わしている。しかし、書類に不備があったため受け入れられなかった。

倭寇が跳梁するようになると、明は前述のように宣諭使を日本に派遣したが、使節は幕府だけでなく大友氏も訪れている。弘治元年（一五五五）に来日した最初の宣諭使鄭舜功は豊後に二年間滞在し、帰国の際には倭寇の活動を謝罪する大友義鎮の返書を帯した使僧清授が同行した。次いで来日した宣諭使蒋州は、平戸で王直と会見し前述のように帰順を持ちかけた。その後蒋州は、宣諭活動への協力を約した王直とともに、豊後に赴き大友義鎮に会い、さらに山口に使者を派遣して大内義長に倭寇鎮圧を呼びかけた。義鎮・義長兄弟はそれに応じ、義長は被虜明人の送還に合わせ、大内家に伝わる「日本国王之印」を使って朝貢貿易の継承を要請する文書を送付した。また義鎮は、新たな勘合（符）を頒布するよう要請しようと、本項冒頭で述べたように使僧を派遣した。ところが、所持していた勘合（符）に割印がなかったり、国王名称がなかったりという不備により、不成功に終わった。

それどころか、舟山本島の岑港に着いた善妙は、明の官憲によって王直らとともに倭寇と見なされ、徳陽も書類の不備から正式の朝貢使と

28—舟山本島岑港の倭寇討伐碑

認められず、二人とも逃亡を余儀なくされた。しかし、彼らは簡単に引き下がることなく、大友氏の船団は華南へと向かい、福建省の浯嶼に寄港して商取引を行おうとしている。

このように大友氏は、朝貢貿易・密貿易に関わらず日明貿易に積極的に取り組んでいた。それだけでなく、黒潮に乗って南西諸島さらには東南アジアとも交易関係を結んでいた。十六世紀後半の豊後府内（大分市）の町屋遺構からは、ベトナム・タイ・ミャンマー産の陶磁器が大量に出土している。実際、大友義鎮が「南蛮国」に貿易船を派遣したことが、大友氏奉行人から島津氏奉行人に宛てた書状から知られる。それによれば、現地で船が破損・遭難した場合、義鎮が派遣した船であることがわかれば、ていねいな扱いをしてもらえるとのことで、良好な外交・貿易関係が作られていたようである。また、種子島時尭・久時とは彼らが豊後を訪問するほどの交流関係があり、彼らを通じて沈香・「南蛮小銃筒」などの東南アジア産の物資を入手していた。視点を変えると、このルートの貿易関係をめぐって、大友氏と島津氏とは利害が対立していたことになる。大友氏奉行人の書状も、島津領内で破損した大友氏の船の様子が不明なために出されたものだった。実際島津氏は、種子島氏と島津領以外の者との材木取引を禁止しており、この対立は両者の確執の大きな要因となったといえよう。

毛利氏と東アジア

毛利氏は、日明貿易や朝鮮との交流を積極的に行った大内氏とくらべ、対外関係に消極的だった印象を持たれがちである。しかし、防長征服によって瀬戸内沿岸を支配下におさめ、さらに尼子氏との戦いを通じて石見銀山や銀の積出港である温泉津を領国に

29―毛利家所蔵の日本国王之印（毛利博物館所蔵）

編入した毛利氏が、東アジアとの関係に無関心であろうはずはなかった。

毛利氏は山口を占領した際、大内氏歴代が所持していた日本国王之印や、朝鮮国王への通信符の右割符などを接収した。永禄五年（一五六二）七月に元就と隆元は、常福寺（山口市）の塔頭正寿院の僧侶にこの割符を持たせて朝鮮へ派遣しようとし、対馬宗氏に仲介を依頼した。この年六月に毛利氏は、石見銀山を守る山吹城（島根県大田市）の尼子氏家臣本城常光を降伏させ、ほぼ石見全体を手中におさめていた。これを契機として、朝鮮との国交・貿易に本格的に乗り出そうとしたのだろう。もっとも、この時の使節派遣は実現しなかったようである。

毛利氏は防長征服直後から、関門海峡を扼す赤間関（山口県下関市）を直轄支配し、家臣の堀立直正を代官として置いた。関門海峡は瀬戸内海から東アジア各地へ向かう出口であり、赤間関は重要な貿易拠点だった。直正が天正六年（一五七八）に代官を辞すると、同じく毛利氏家臣の高須元兼が後任となった

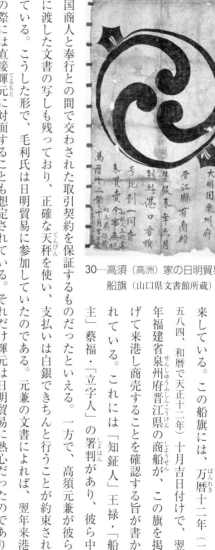

30―高須（高洲）家の日明貿易船旗（山口県文書館所蔵）

が、その高須家には家紋が描かれた船旗が伝来している。この船旗には、万暦十二年（一五八四、和暦で天正十二年）十月吉日付けで、翌年福建省泉州府晋江県の商船が、この旗を掲げて来港し商売することを確認する旨が書かれている。これには「知鉦人」王禄・「船主」蔡福・「立字人」の署判があり、彼ら中国商人と奉行との間で交わされた取引契約を保証するものだったといえる。一方で、高須元兼が彼らに渡した文書の写しも残っており、正確な天秤を使い、支払いは白銀できちんと行うことが約束されている。こうした形で、毛利氏は日明貿易に参加していたのである。元兼の文書によれば、翌年来港の際には直接輝元に対面することも想定されている。それだけ輝元は日明貿易に熱心だったのであり、元兼に対し生糸・緞子などの高級衣料やや硝石などの軍需品の入手を命じているように、求める品物は不可欠の必需品だったのである。

対馬宗氏と倭寇

対馬宗氏は、文引という朝鮮への渡航証明書を発給する権限を握ることなどにより、日朝貿易から多額の利益をあげていたが、倭寇の跳梁により大きな打撃を受けることとなった。一五四四年に対馬島民が朝鮮沿岸を襲撃し（蛇梁倭変）、さらに一五四四年から四

31—倭寇図巻（東京大学史料編纂所所蔵）

七年にかけて、「荒唐船」と呼ばれた正体不明の不審船がしきりに沿岸に姿を現した。不審船の大半は交易のため日本に向かう途上で漂着した中国船だったが、朝鮮王朝は警戒を強め、三浦(さんぽ)の乱(らん)後に宗氏と締結した壬申約条(じんしんやくじょう)を破棄し、日本国王使と大内氏・少弐(しょうに)氏の使節以外の者の日本からの通交を禁じた。その一方で日本国内からも、五島を本拠とする宇久(うく)氏が文引を持たずに使節を朝鮮に送るなど、独自行動をとる勢力が現われてきた。自らの存立基盤が危うくなった宗氏は、偽日本国王使を朝鮮に派遣し交渉した結果、一五四七年に丁未約条(ていびやくじょう)を締結した。しかしこの約条は、宗氏が朝鮮に派遣する島主歳遣船(さいけんせん)をそれまで認められていた三十隻から二十五隻に削減し、入港場を釜山(プサン)浦一港に限定するなど、通交の抑制を進める厳しい内容のものだった。

その後、中国人と日本人の混成集団となった倭寇の朝鮮への来寇が本格化し、一五五五年には倭船七十隻が全羅道(チョルラド)の達梁浦と梨津浦に来襲し、さらには済州島(チェジュド)でも大規模な戦闘が起きた（達梁(たつりょう)倭変(わへん)）。こうした状況下、宗氏は事態を打開するために倭寇の情報を集め、朝鮮側に積極的に提供する方策をとった。これにより、朝鮮側も次第に宗氏を信用するようになり、一五五七年には丁巳約条が締結され、倭寇の取り締まりと引き換えに宗氏の歳遣船を年二十五隻から三十隻に増やすこととなった。

とはいえ、宗氏に倭寇を鎮圧する力はなく、むしろ一五六〇年ごろには、平戸に派遣された対馬の使僧が松浦口で海賊の襲撃を受けるなど玄界灘一帯で治安の悪化が進み、膝元の対馬でも倭寇に参加する住民が増えていた。これに対し宗氏は、軍備の増強により何とか対馬の治安を維持し、対馬島外の通交者に与えられる図書を朝鮮王朝から獲得したり、滅亡した大内氏が所蔵していた通信符を毛利氏から入手するなどして（前項参照）、対朝鮮通交を独占的に運営した。こうした状況が、豊臣秀吉の朝鮮侵略まで続くことになるのである。

2　南蛮貿易の展開

南蛮貿易とは何か

南蛮貿易とは、いうまでもなく、十六世紀後半から十七世紀初頭にかけて、日本がポルトガル・スペイン勢力と行った貿易のことである。一般には、王直の逮捕・処刑後は倭寇の活動が鎮静化し、かわってヨーロッパ勢力が東アジア貿易の主導権を握ったことで、南蛮貿易が本格的に始まったと見られている。それは日本とヨーロッパとのはじめての本格的

32—南蛮屏風（神戸市立博物館所蔵）

な出会いであり、キリスト教をふくめさまざまな文物がもたらされ、日本社会に大きな影響を与えたともされている。

しかしすでに見たように、一五六〇年代に至っても倭寇の活動は衰えるどころかますます盛んになっており、「大唐街」も各地に広がっていた。天正六年（一五七八）には、平戸を拠点に活躍していた「大明古道」という人物が、日明貿易に熱心だった大友義鎮から、「分国中津津浦々関諸公事(くじ)免許」、すなわち領国中の港における免税特権を与えられている。十七世紀初頭には、平戸と長崎に立派な住宅と数人の美しい妻子をもつ、「大唐街」の「甲比丹(カピタン)」すなわち在日中国人の元締めである李旦(りたん)という人物がいた。李旦は、のちに「国姓爺(こくせんや)」として活躍する鄭成功(ていせいこう)の父鄭芝竜(ていしりゅう)の親分であり、松浦隆信や長崎奉行長谷川権六(はせがわごんろく)とも交際があった。このように、中国人海商は一貫して東アジア貿易の主導権を握っていたのである。

それでは、その中でポルトガル勢力は、どのような位置を占めていたのだろうか。彼らが東アジアに進出してきたのは、オスマン帝国とベネチア商人らによる地中海貿易に対抗し、西アフリカ方面への進出を目指して始まった、「大航海時代(だいこうかいじだい)」の流れに乗ってのことだった。一四八八年にはバルトロメウ・ディアスがアフリカ南端の喜望峰(きぼうほう)に到達し、続いてヴァスコ・ダ・ガマが一四九八年にインドのカリカットに到着した。さらに彼らは、一五一一年に香辛料貿易の中心マラッカを占領し、さらに中国の高級手工業品を求めて明への朝貢船の寄港地広州(こうしゅう)を目指した。しかし、彼らがマラッカを侵略したことを知った明朝からは国交を許されず、かえって「仏朗機夷(フランキイ)」として打ち払いの対象となった。そのような彼らに、倭寇の頭目許東兄弟から前述のような誘いが寄せられたのは、一五四〇年のことだった。

ここから、ポルトガル勢力は双嶼を拠点とする密貿易活動を始めたが、明の官憲が王直を逮捕し彼の一党を鎮圧した際に協力し、見返りとして一五五七年に居住を許された澳門（マカオ）を拠点として、本格的に活動するようになった。彼らはいわば、急成長した東アジア貿易の新規参入者だったのであり、基本的活動は中国の生糸と日本の銀の中継貿易だった。ビロードや眼鏡・洋楽器・カルタ・カステラ・葡萄酒(ぶどうしゅ)など、ヨーロッパの物産ももたらされたが、それらは貿易品というより「お土産」であり、彼らがヨーロッパへ送ったのは、中継貿易で得た利益で購入した中国の高級手工業品や東南アジアの香辛料だった。

ポルトガル人の種子島漂着

そのポルトガル勢力がはじめて日本の地を踏んだのは、天文十二年（一五四三、一五四二年とする説もある）のことだった。この年、ポルトガル人のフランシスコ・ゼイモト、アントーニオ・ダ・モッタらの乗った船が、暹羅から双嶼に向かう途中で暴風雨にあい、種子島に漂着したのである。この船に「大明儒生五峰」すなわち王直が同乗していたことは前述の通りだが、実は船自体がヨーロッパのナウ船ではなく中国のジャンクだった。つまり、ポルトガル人たちは王直の船に同乗させてもらっていたのである。

彼らは領主の種子島時尭に面会し、所持していた火縄銃（ひなわじゅう）の射撃を披露した。この銃についても、彼らがヨーロッパから持ってきたものか、東南アジアで使われていたものかについて、意見が分かれている。ともかく、時尭は鉄炮の威力を目の当りにして二丁を購入し、翌年再来したポルトガル人から銃底の塞ぎ方を学び、刀鍛冶（かたなかじ）の八板金兵衛に製造法を研究させ、天文十四年に第一号を完成させたという。

ここから、鉄炮は急速な勢いで全国に普及していくことになる。鉄炮製造法は、種子島から紀伊根来寺（きいねごろじ）や堺（さかい）へと伝えられ、本格的な生産が開始される。実戦においては、第一章第4節の「島津貴久の大隅制覇」でふれたように、天文十八年の島津氏と肝付（きもつき）氏の戦いで使用されたのが日本最初とされている。なお翌年には、京都での細川晴元（ほそかわはるもと）と三好長慶（みよしながよし）の間の戦いで鉄炮にあたって戦死する者が出ている。弘治二年（一五五六）には大友義鎮が将軍足利義輝（あしかがよしてる）に南蛮渡来という鉄炮を献上しているが、このころには豊後府内でも鉄炮が生産されるようになっていたようである。翌弘治三年には、これも第一章第3節の「須々万沼城の攻防」でふれたように、毛利軍の沼城攻撃の際に鉄炮が使用されていた。

ポルトガル船の平戸来航

もっとも、ポルトガル人が種子島を訪れたのはそのころだけで、彼らが日本における貿易拠点として選んだのは、王直が本拠を構えるようになった平戸だった。平戸へのポルトガル船の初来航は、天文十九年（一五五〇）六月ごろのことである。すでに鹿児島に到着していたイエズス会の宣教師フランシスコ・ザビエルが、これを聞きつけて九月に平戸を訪れると、ポルトガル商人たちは彼を歓迎し深い敬愛の意を表した。これを見た松浦隆信は、貿易振興のために有利と考えてキリスト教の布教を許し、ザビエルは信者を百人ほど獲得した。

その後、日本に来るほとんどのポルトガル船は平戸に寄港するようになり、王直配下の唐船（からぶね）とともに多くの「珍物」をもたらした。それらを求めて、京都・堺をはじめ全国から商人が集まり、平戸は「西のみやこ」とまで呼ばれるようになったという。こうして平戸での南蛮貿易は隆盛をきわめ、弘治元年（一五五五）にはキリスト教信者が五百人にまで増え、翌々年には教会が建てられるに至った。その中には、松浦隆信の又従兄弟にあたる籠手田安経（こてだやすつね）もおり、彼の知行地（ちぎょうち）である肥前度島（ひぜんたくしま）（長崎県平戸市）では全住民が入信した。

しかし、キリスト教の浸透は仏教徒・僧侶との確執を生み、隆信は宣教師ガスパル・ヴィレラの追放に踏み切った。永禄四年（一五六一）には、絹製品の取引をめぐり平戸・博多・豊前（ぶぜん）の商人とポルトガル商人の間でトラブルが起き、隆信の家臣も巻き込んだ武力衝突に発展し、フェルナン・デ・ソウサ船長以下十四人のポルトガル人が死傷する事件が発生した。王直が明に投降し唐船の来港が減っている時期だったので、隆信はポルトガル船の来港が途絶えないよう、キリスト教を禁止することなく、破壊された教会の再建も許した。しかし、翌年平戸を訪れたイエズス会日本布教長のコスメ・デ・トルレスは、ポルトガル船の平戸入港を許さず、近くの大村純忠(おおむらすみただ)領肥前横瀬浦(よこせうら)（長崎県西海市）に回航させた。

入港先の横瀬浦・長崎への移転

大村純忠がポルトガル船を招致したのは、当初は貿易がもたらす利益からだったが、宣教師との議論を通じてキリスト教に傾倒するようになり、永禄六年（一五六三）に受洗して日本最初のキリシタン大名となった。ところが、これに反発した家臣たちが謀反を起こし、横瀬浦を焼いてしまった。そのためポルトガル船は再び平戸に入港するようになり、松浦隆信もこれを歓迎して当時日本最大とされる教会（日本名「天門寺」）を建設した。

しかし、トルレスはキリシタン大名大村純忠への信頼が大きかったためか、新たに福田浦(ふくだうら)（長崎市）を開港してもらい、永禄八年からはポルトガル船は再び大村領を訪れるようになった。これを怒った隆信は、平戸を訪れていた堺商人の船とともに福田浦を襲ったが失敗、以後、ポルトガル船の平戸入港はほとんど絶えてしまった。ただ、福田浦は外海に面し風浪が激しく、また水深が浅く大型船の入港に不便だった。そこで元亀二年（一五七一）、付近の長崎湾奥に位置する天然の良港長崎が開港し、広く東アジア貿易の拠点となった。

ポルトガル商人は、これらの港を拠点に宣教師の先導をうけて幅広く活動した。そもそも、日本で布教を始めたザビエル自身が、日本は多くの金銀を産出し、貿易により百倍以上の利益をあげることができると強調している。布教には莫大な費用がかかり、イエズス会として独自の収入源を確保する必要があったのである。のちにキリスト教に入信する大友義鎮は、永禄十年にマカオのイエズス会司教に書状を送り、ポルトガルのカピタンモールに対し、火薬の原料である硝石の独占的輸入権を認めてもらうよう斡旋してほしいと依頼しており、翌年には大砲の贈与の斡旋も求めている。こうした貿易も、彼らの手を通じて展開したものと思われる。

3　キリスト教の普及

ザビエルの来日

ザビエルが布教のため日本に向かったのは、南蛮貿易と同じく「大航海時代」の流れに乗ってのことだった。ザビエルはポルトガル王の依頼により、コスメ・デ・トルレスら三人の宣教師とともに、一五四二年にイエズス会東インド管区本部のあるインド・ゴアに赴いた。彼はマラッカ・モルッカ諸島で布教にあたるなかで、ヤジロー（弥次郎）という日本人と出会った。ヤジローは殺人を犯して鹿児島からマラッカに逃れてきたが、罪の意識にさいなまれ、救いを求めてザビエルのもとを訪れたのである。ヤジローは熱心にキリスト教を学び、日本人初の信者となった。彼の旺盛な向学心を知ったザビエルは、日本での布教の成功に希望を抱き、一五四九年にヤジロー・トルレスらとともにジャンクに乗り、コーチシナから広東・福建沿岸のルートをとって日本に向かった。

ザビエルらはヤジローの故郷鹿児島に到着、その後島津貴久に謁見して歓待を受け布教の許可を得た。しかし、当地の仏教勢力から激しい妨害をうけ、また京都に上って日本国王から布教許可を得るのが本来の目的だとして、翌天文十九年（一五五〇）薩摩を離れ前述のように平戸に向かい、多くの信徒を得るのに成功した。そして平戸での布教をトルレスに託して京都に向かい、インド総督とゴアの司教の親書とともに天皇・将軍への謁見を求めたが、外見がみすぼらしく、献上品がないことを理由に断られてしまった。また戦禍による京都の荒廃を見て布教を断念、平戸に戻って残置していた献上品を携え山口に赴き、天文二十年四月に今度は美装して大内義隆に謁見した。献上品は、望遠鏡・

33―ザビエル画像（神戸市立博物館所蔵）

洋楽器・時計・ギヤマンの水差し・眼鏡・絵画・小銃などで、これらの品々に喜んだ義隆はザビエルに布教を許可し、廃寺だった大道寺をザビエル一行の住居兼教会として与えた。大道寺は日本最初の常設の教会堂とされている。しかしザビエルは大道寺ではなく街頭で一日に二度の説教を行い、二か月間で五百人が信徒となった。その中には盲目の琵琶法師がおり、のちに宣教師ロレンソ了斎となってキリスト教の発展に尽力した。

ザビエルは、そのころ豊後日出（大分県速見郡日出町）に入港したポルトガル船の船長からインド帰還を促され、また大友義鎮からの招待も受けて、九月に山口での布教をトルレスに託して豊後へ赴いた。義鎮はザビエルに会見して深い感動を受け、布教を許可するとともにゴアのインド総督に使節を派遣することにした。ザビエルは使節とともにゴアに戻り、翌年中国に布教に赴く途上、南シナ海の上川島で病没した。享年四十七だった。

各地での布教

新たに日本布教長となったトルレスは山口で活動を続け、天文二十一年（一五五二）には日本人信徒を大道寺に招いてクリスマスミサを行った。さらに、大内義長から新しい大道寺の建設を許可され、弘治元年（一五五五）に完成させた。このころには、山口の信徒は二千人以上になっていた。しかし、翌年毛利氏との争いの混乱から大道寺が戦火にかかり、トルレスらは豊後府内に避難せざるを得なくなった。山口では、仏僧らが大内氏の滅亡はキリスト教がもたらした禍であると喧伝し、征服者毛利氏の治下でキリシタンは迫害にさらされることとなった。

トルレスらが向かった豊後府内には、ゴアから宣教師ガスパル・ヴィレラらも到着し、府内は新たな布教の拠点となった。弘治三年にはポルトガル人医師ルイス・デ・アルメイダにより病院が建設され、西洋式医療が施されるようになった。ヴィレラが平戸から京都・堺などに赴き高山右近らに洗礼を授け、アルメイダが平戸から島原・天草へ布教や医療に赴くなど、彼らは各地に足跡を残している。トルレスも精力的に九州を回り、永禄六年（一五六三）の大村純忠の入信に際しては洗礼を授けている。しかし、トルレスは長年の布教活動に疲れ果て、新しい布教長の派遣をゴアの上長に要請し、自身は元亀元年（一五七〇）に天草志岐（熊本県天草郡苓北町）で死去した。

かわって日本布教長となったフランシスコ・カブラルは、志岐に宣教師を集めて会議を開き、清貧を強調して絹ではなく木綿の修道服を着るよう命じた。前任者トルレスは日本人が外見を重んじることを知り、日本風を取り入れることに努めていたのだが、カブラルはイエズス会的厳格主義をそのまま適用しようとしたのである。その後カブラルは、福田・長崎・大村（長崎県大村市）・有馬（長崎県南島原市）・豊後府内などを巡歴し、さらには畿内や岐阜を何度か訪れ足利義昭・織田信長に面会するなど精力的に活動した。トルレス退去後十七年経った天正元年（一五七三）には山口を訪れ、翌年からは豊後府内に拠点を構え、天正六年には大友義鎮に洗礼を授けている。洗礼名はザビエルにちなんだフランシスコだった。

しかし、カブラルの厳格主義はヨーロッパ中心主義に立脚しており、宣教師に日本語を学ばせず、

34—ヴァリニャーノ画像

日本人にラテン語もポルトガル語も教えさせなかった。こうしたことが日本人信徒との間に溝を作り、布教も停滞するようになった。天正七年にイエズス会東インド管区巡察師（じゅんさつし）として日本を訪れたアレッサンドロ・ヴァリニャーノは、この状況の原因がカブラルの方針にあると判断し、日本人司祭の育成や宣教師の日本的礼儀作法の学習などの新方針を示すとともに、天正九年にはカブラルを解任し後任にガスパール・コエリョを登用した。日本地区が準管区に昇格したため、コエリョは初代準管区長となった。なおカブラルは、のちにインドのゴアに移り、一五九二年から九七年までインド管区長をつとめた。

信徒教育と天正遣欧使節

ヴァリニャーノは、日本人子弟の教育のためセミナリヨ・コレジヨという機関を設立させた。有馬では天正八年（一五八〇）に入信した領主有馬晴信（ありまはるのぶ）（大村純忠の甥）の援助により、セミナリヨが開校した。セミナリヨでは、教会用語であるラテン語や、グレゴリオ聖歌・フルート・チェンバロ・ハープ・オルガンなどの音楽だけでなく、『平家物語（へいけものがたり）』などの日本文学や水泳などの体育も教科となった。安土（あづち）（滋賀県近江八幡市）にもセミナリヨが開かれ、織田信長は生徒の演奏する音楽を聴いて喜んだという。

コレジヨは聖職者養成のための高等教育機関で、セミナリヨと同じ天正八年に豊後府内で開校し、哲学・神学・数学なども講義された。府内のコレジヨは、天正十四年に島津軍の侵攻の際に焼き討ちされ、天正十八年に島原の加津佐（長崎県南島原市）に移った。加津佐では日本初となるグーテンベルク印刷機による活版印刷が行われたが、翌年には秀吉の朝鮮侵略の余波で天草への移転を強いられた。

ヴァリニャーノは、こうした日本での布教の進展をローマ教皇たちに報せ、さらなる援助を引き出すことと、日本人にヨーロッパのキリスト教世界を見聞させて布教に役立たせることを目的に、セミナリヨで学んだ少年たちをローマに派遣することを、キリシタン大名大友義鎮・大村純忠・有馬晴信に提案した。これをうけて天正十年、四人の少年が各大名の名代としてローマに派遣された。いわゆる天正遣欧使節である。義鎮の名代には日向の大名伊東義益の甥で義鎮とは遠縁にあたる伊東マンショ、純忠・晴信の名代には純忠の甥で晴信の従兄弟にあたる千々石ミゲルが選ばれ、武士の子弟で同年代の中浦ジュリアン・原マルティノが副使に選ばれた。

35―有馬セミナリヨ跡（長崎県観光連盟提供）

彼らはポルトガル・スペイン・イタリアを経てローマに至り、一五八五年三月教皇グレゴリウス十三世と謁見、同じルートで帰路についた。彼らは各地で熱狂的歓迎を受け、関連する多数の書物が出版された。教

36—天正遣欧使節画像（京都大学附属図書館所蔵）

科書などに出てくる彼らの肖像画は、その出版物に描かれたものである。また、加津佐で使われたグーテンベルク印刷機は、彼らによってもたらされている。しかし、彼らが帰国した天正十八年には、すでに豊臣秀吉によりバテレン追放令が発せられ、キリスト教をめぐる環境は大きく変わっており、彼らのその後の歩みは平坦ではなかった。伊東マンショは司祭となり慶長（けいちょう）十七年（一六一二）に長崎の病院で亡くなったが、千々石ミゲルは棄教しキリスト教を非難する側に転じた。原マルティノは慶長十九年にマカオに追放され、中浦ジュリアンは寛永（かんえい）十年（一六三三）に穴つるしという過酷な刑をうけて殉教した。

4　琉球の地位変化

東南アジア貿易の衰退

倭寇による密貿易の展開は、朝貢貿易の一翼を担う中継貿易で繁栄を築いていた琉球にとって重大な脅威だった。倭寇の跳梁には琉球王朝も警戒を強め、那覇港防衛強化のため入り口の北と南に三重城・屋良座森城という砲台を建設している。しかし、倭寇に苦しむ明王朝は、一五六七年に海禁を解き、倭寇の拠点の一つだった福建省の月港を開港した。これにより、中国の商人たちは直接東南アジアなどに赴き取引を行うようになった。そのため、それまで毎年のように行っていた、暹羅・旧港（パレンバン）・爪哇・満刺加・蘇門答剌などへの交易船の派遣が、一五七〇年の暹羅を最後に途絶えてしまった。

那覇に隣接する久米村（沖縄県那覇市）は、「閩人三十六姓」の集住地として知られる。「閩人三十六姓」とは、琉球が冊封体制に入るにあたり、明の太祖が外交・貿易を担当させるために派遣したとされる、福建省出身の中国人のことである。実際には、海禁下で自発的に渡来した商人・船乗りも多かったようだが、ともかく対中国・東南アジアの外交・貿易の重要な担い手だった。ところが一五七九年段階で、その三十六姓のうち久米村に残るのは七姓にすぎないと、明の冊封使は報告している。それは琉球の海運衰退に拍車をかけ、細々と続いた明への進貢も、船が漂流して目的地の福州にたどり

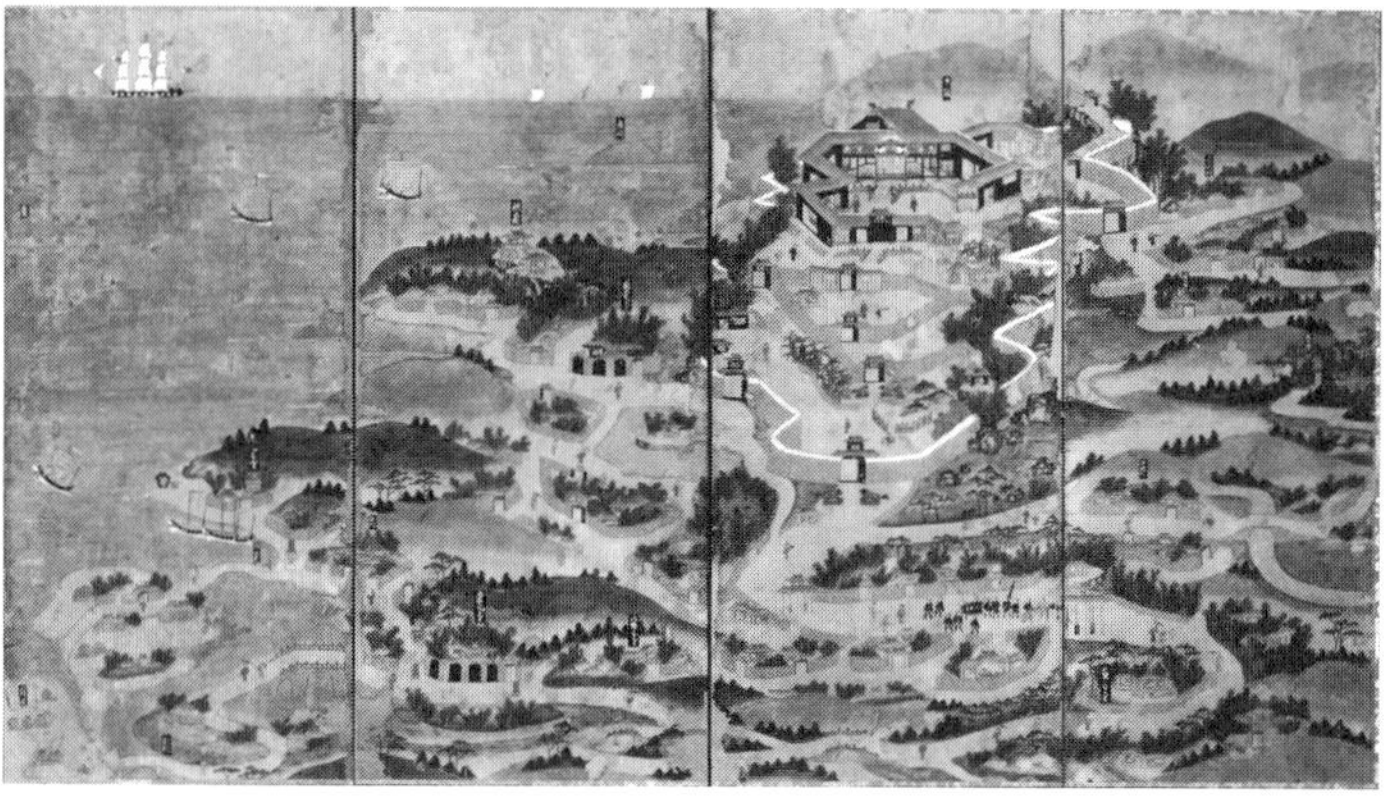

（沖縄県立博物館・美術館所蔵）

着けないことがしばしばだった。

島津氏の圧迫

こうした状況の変化のなかで、琉球との通交の日本側窓口だった島津氏の姿勢にも変化が生まれた。弘治二年（一五五六）に書かれた島津貴久の書状では、薩摩・大隅・日向の三州平定に忙しく往来が中絶しているが、他国同前となるのは本懐ではないと、関係の維持を強く訴えていた。実際、このころの島津氏が大隅攻略戦で忙しかったことは、第一章第4節の「島津貴久の大隅制覇」で述べたとおりである。琉球側からも一五五九年ごろに「那覇主部中」から島津氏の老中に対し、島津氏の印判状のない船とは貿易せず、違反者は成敗するという方針が伝えられている。

ところが、島津氏が日向伊東氏に対する優勢を確立する一五七〇年代になると、態度に変化が生まれてきた。永禄九年（一五六六）に息子の義久に家督を譲った貴久は、永禄十三年その旨を伝える書状を使僧の雪岑に持たせて琉球

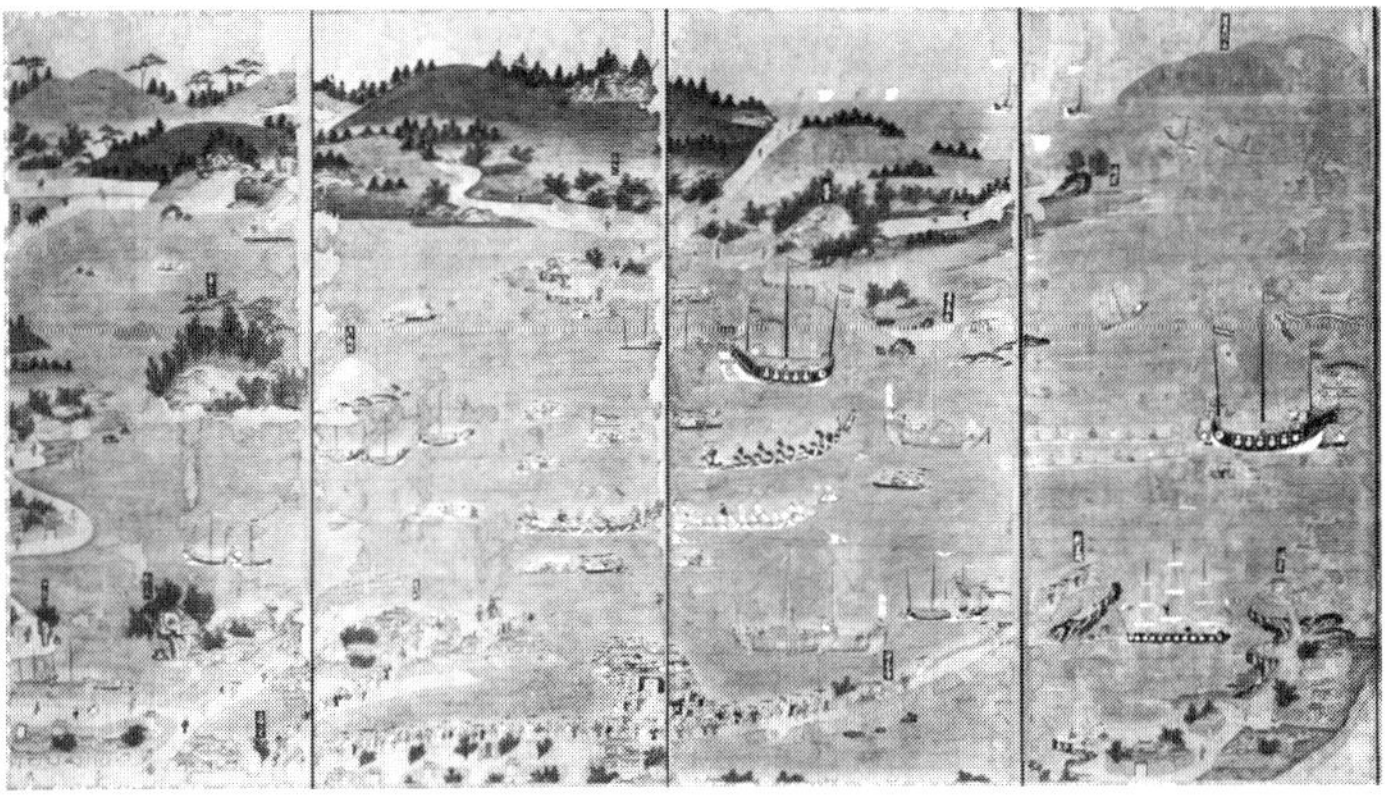

37—首里那覇港図屏風

に派遣した。この書状自体は、「伏して願うらくは、永々自他和好し、共に唇歯の邦を全うせん」という対等の立場で書かれているが、同時に家老の川上意釣が琉球の三司官宛てに送った書状では、島津氏の印判状を持たない者が勝手に不法行為を行っている、今後は厳しく取り締まってほしいと、強い要求が書かれている。雪岑は、この旨を琉球側に伝えつつ、自分への扱いが粗略だと怒って帰国した。さらに天正二年（一五七四）には、これまでの取り決めへの違反と、雪岑への粗略な扱いを糾問する「条書」を、琉球に送りつけた。

　これに対し琉球側は翌年、島津貴久から義久への代替わりへの祝賀使として、天界寺南叔・金武大屋子を鹿児島に派遣した。その際に二人は糾問に対する釈明を行い、前記二点だけでなく、進物が少ないこと、島津氏からの書状を三司官が「小門」で受け取り島津氏への書状を「大門」から出したことなどは、すべてもっともな誤りであり今後は改めると、全面屈服してしまった。祝賀使が乗っていたのが、紋船（あやぶね）と呼ばれる正規の通交に用いられる船だったことから、この事件は「紋船一件」と呼ばれている。これ以後琉球は薩摩の下風に立たされ、慶長十四年（一六〇九）には征服されることになるのである。

四　毛利氏と尼子・大友氏の死闘

1　山陰の攻防

毛利氏の東石見侵攻

防長征服において毛利氏は、山陰では大内氏の影響力が強かった西石見の国衆を味方につけるのが戦略課題であり、東石見の尼子方に対しては守勢をとらざるをえないでいた。大友氏に対しては、大内領国である豊前・筑前両国の併合を認めるかわりに、大友一族の大内義長が支配する防長への不介入を約束させるという、一種の領土分割協定が水面下で成立していた。しかし防長征服の達成以降は、尼子氏・大友氏と直接対峙することになり、二正面作戦の展開を余儀なくされた。

元就はまず、筑前から亡命してきた秋月種実・筑紫惟門らの所領回復支援に路線を転換した。彼らは筑前に再上陸し、永禄二年（一五五九）初頭には種実が古処山城を、惟門が五箇山城を回復した。さらに宗像大社（福岡県宗像市）の宮司宗像氏貞や豊前三岳城（北九州市小倉南区）主の長野弘勝らも次々と毛利方に転じた。

こうして大友氏の牽制に成功した元就は、この年二月、隆元・元春・隆景とともに備中に出陣した。同盟関係にあった成羽城（岡山県高梁市）主の三村家親が、阿波の三好氏に支援された猿掛城（岡山県倉敷市）主の荘為資の攻撃をうけたため、これを救援するのが目的だった。この時期に、東石見における尼子方の中心小笠原氏攻撃ではなく、三村家親救援を優先させた理由について、元就は次のように述べている。「家親を救援せず備中を失えば、備後で何が起きるかわからない。そうなれば側面の危機に脅かされるので、小笠原氏と戦っても成功しないだろう」。そこで、大軍を率いて猿掛城を包囲し、来島通康の水軍により海上交通を遮断して、為資に降伏を余儀なくさせたのである。

38―備前・備中・美作関係地名図

安芸吉田に帰陣した元就は、休む間もなく五月に一万二千の大軍を率いて、小笠原氏の本拠河本温湯城攻撃に出陣した。後顧の憂いを断った毛利勢は、支城を落としじっくりと本城の包囲を狭めつつ、坑道を掘り進めて城内突入をはかった。尼子晴久は援軍を率いて江の川の温湯城対岸に迫ったが、渡河点を押さえられて突破できず、下流にある毛利方国衆福屋隆兼の支城川上松山城（島根県江津市）攻撃に転じた。しかし、福屋勢は頑強に抵抗し、元春・

熊谷信直らが城の後詰として迫ったため、晴久は温泉津（島根県大田市）へと退却せざるをえなくなった。ここに至っては小笠原長雄も耐えきれず、八月に城を出て降伏した。元就は温湯城を接収し元春に預けるとともに、江の川南岸の小笠原領も没収したが、北岸を安堵しただけでなく、新たに福屋領である井田（島根県大田市）と波積（島根県江津市）を与えた。石見銀山と吉田を結ぶ要衝に位置し、東石見の要となる小笠原氏を懐柔し傘下におさめたのである。

一方で福屋隆兼は、厳島合戦以前から毛利方に属して活躍してきており、替え地を与えられたとはいえ、この措置に不満を抱かずにはいられなかった。隆兼は、井田・波積を受け取りに来た小笠原氏の家臣を、検使として派遣された隆景家臣ともども追い払った。隆兼の功績に免じて、この件は不問に付されたが、不満はくすぶり続けた。

芸雲講和と毛利氏の石見制圧

ここで、毛利氏の石見侵攻はいったん停止する。北九州方面で大友氏との門司城（北九州市門司区）攻防戦が激しさを増し（次節「門司城争奪戦」・「豊芸講和」参照）、山陰で新たな作戦を展開する余裕がなくなったためである。一方で、尼子氏側も反攻に出ることができないでいた。当主の晴久が永禄三年（一五六〇）、四十九歳の若さで急死したのである。嫡子義久はまだ二十一歳と若く、六年前の新宮党の粛清により頼るべき補佐役もおらず、さしあたり守勢をとらざるをえなかった。

ちょうどそのころ、亡命先の朽木（滋賀県高島市）から京都に戻った将軍足利義輝が、幕府権威回復を目指し各地の武将に上洛を呼びかけ、その条件を整備するためとして紛争解決＝和平調停に乗り出していた。毛利氏と尼子氏に対しても、永禄二年ごろから叔父の聖護院道澄を出雲・安芸に派遣して、和平工作を行わせていた。守勢の尼子氏は、これに応じる姿勢を示したが、毛利氏は当初適当に受け流していた。しかし、門司城攻防戦が膠着状態になるなか毛利氏も和平に積極的となり、永禄四年九月ごろから交渉が進展、十二月には起請文が交換され芸雲講和が正式に成立した。

ところが福屋隆兼は、こうした流れに逆らうかのように、毛利氏を見限って尼子氏に通じ、本拠乙明城（島根県浜田市）と尼子方拠点温泉津の中間に位置する、毛利方の福光城（島根県大田市）を、温泉津城主湯惟宗とともに講和成立の直前に襲った。しかし、和平を受け入れた尼子方の支援を得られず、元就・元春が福光城の後詰に河本まで進出すると、空しく退却せざるをえなかった。毛利方はただちに反攻に入り、福屋方の城を次々と落す一方で、家臣たちへの寝返り工作を進めた。翌永禄五年二月には隆元・隆景が九州から戻り、元就・元春に合流して川上松山城を攻略、さらに乙明城に迫った。士気沮喪していた家臣の説得で、隆兼は抗戦をあきらめ夜陰に乗じて城を脱出、浜田から船で出雲に向かい尼子氏を頼ったが、義久から受け入れを拒否され流浪の旅に出た。大和信貴山城（奈良県生駒郡平群町）の松永久秀のもとに身を寄せたともいう。残された一族・家臣千人余は、元春に降伏し吉川氏の本拠大朝新荘に送られたが、元就の命令で全員殺害された。隆兼と結んで毛利氏に背いた三隅氏も、宗家の益田藤兼により討たれ、毛利氏が益田氏に対する信頼を深める契機となった。

東石見で尼子方に残るのは、石見銀山の山吹城を守る家臣の本城常光らを残すのみとなった。常光の弟に山口法泉寺の僧となっていた「松かわ」という人物がおり、元就は彼を通じて調略工作を行った。常光も、講和の動きから尼子氏の援軍は期待できないと判断、さらに尼子氏が福屋隆兼を見捨てたのをみて、毛利方につくことを決意した。嫡子の太郎左衛門尉が人質として富田月山城に置かれていたので、彼を逃亡させ二男の大蔵左衛門尉とともに人質として吉田に送った。永禄五年六月のことだった。残る湯惟宗らは、孤立を恐れ城を出て出雲に去り、毛利氏の石見制圧は完了した。

毛利氏の出雲侵入

毛利氏の石見制圧は、ただちに出雲に影響をおよぼした。安芸・備後からの入り口に位置する赤穴（島根県飯石郡赤来町）を本拠とし、大内義隆の出雲侵攻には頑強に抵抗した赤穴久清が、永禄五年（一五六二）六月のうちに領地安堵と引き替えに寝返りを申し出たのである。これに応じて元就は、七月に一万五千の大軍を率いて出雲に侵入、赤穴に陣を進めた。芸雲講和が成立してわずか半年のことだったが、福屋隆兼が尼子方に通じて挙兵したことを理由に講和を破棄したのである。すでにみたように、尼子氏は隆兼への支援を拒否しており、毛利氏の言い分はいわれのない口実にすぎなかった。将軍の講和斡旋も、この程度の効力しかなかったのである。

それに乗じて出雲では、大内義隆の出雲侵攻に際し尼子氏を裏切り、その後国外に逃亡していた金山要害山城（島根県松江市）主の宍道政隆、日倉城（島根県雲南市）主の多賀山通定が旧領に復帰した。伯耆でも、尼子氏に追われ但馬の山名氏のもとに身を寄せていた南条宗勝が、羽衣石城（鳥取県東伯郡湯梨浜町）に復帰した。すると、三沢城（島根県仁多郡奥出雲町）主三沢為清・三刀屋城（島根県雲南市）主三刀屋久扶・満願寺城（島根県松江市）主湯原春綱・高瀬城（島根県簸川郡斐川町）主米原綱寛ら出雲国衆たちは、雪崩を打って毛利方に寝返った。これにより毛利軍はたやすく出雲平野に進出、先鋒をつとめる本城常光は、宍道湖岸の白潟にまで迫り、八月には尼子方は早くも富田月山城に孤立する状況に追い込まれた。

ところがここで、攻勢が頓挫する大事件が発生した。出雲侵攻の先鋒をつとめていた本城常光が、十一月になって毛利氏により一族ともに誅殺されたのである。常光が武勇を誇り、銀山管理による富強と相まって、専横な振る舞いが多かったことが、理由にあげられている。もとよりそれは口実であり、銀山の利権を奪い直轄支配することが目的だったのだろう。同時に、急速に寝返ってきた出雲国衆の向背を試すものでもあった。元就は慎重を期して本陣を赤穴まで退いたが、案の定、身の危険を感じて尼子方に戻る者も続出したものの、三沢・三刀屋・米原氏ら主要勢力は毛利方に残った。長期的にみれば、信頼できる味方をしっかりとふるい分ける効果があったといえよう。

芸豊講和と白鹿城攻略

しかし、短期的にみれば状況は尼子方に有利となり、十二月に義久は反撃に出て三刀屋氏や湯原氏の本拠を攻撃した。また、毛利氏が大軍をもって出雲に侵攻したのを知った大友義鎮は、再度攻勢に出て苅田松山城（福岡県京都郡苅田町）や門司城を襲った。そのため元就は、応援のため隆元を防府に派遣せざるをえなくなった。一方で義鎮は、以前より将軍足利義輝に和平調停を要請しており、元就も、北九州と山陰の二正面作戦は不利なため、大友方とは講和が必要と考えていた。尼子義久はもちろん和平に反対であり、使者を豊後府内に派遣したが、受け入れられなかった（次節「門司城争奪戦」・「豊芸講和」参照）。和平成立の見通しが立つと、隆元は永禄六年（一五六三）八月に出雲に引き返すこととなったが、その途中の安芸佐々部（広島県安芸高田市）の宿所で腹痛のため急死した。享年四十一だった。前夜に備後国衆和智誠春の宿所で饗応を受けた直後の出来事だった。真相は不明だが、のちに側近の赤川元保が、尼子氏と通じ誠春と結んで謀殺した疑いがかけられ、自刃に追い込まれている。誠春も追及を受け逃亡をはかって殺害されている。

そのころ尼子方は、前年末の反撃に失敗し本格的な籠城戦に移っていた。これに対し毛利方は、月山城の包囲を強化するため、宍道湖と中海を扼する白鹿城（島根県松江市）を攻めて補給路を断つ作戦に出て、宍道湖畔の秋鹿（島根県松江市）に本陣を移していた。隆元急死の知らせを受けた元就は、大友氏との講和見通し成立をうけ、涙にくれる暇もなく「弔い合戦」とばかり、全軍で白鹿城への総攻撃に乗り出した。これにより、小白鹿丸をはじめとする外郭を奪取し、主郭を残すのみとなった。しかし、城主松田誠保をはじめとする将兵の守りは堅く、持久戦へと移行した。毛利方は、石見銀山から鉱夫数百人を呼び寄せ、坑道を掘って城内への侵入をはかったが、城兵に迎え撃たれたり道を塞がれたりして頓挫した。とはいえ、戦いが三か月におよぶと、城内は兵粮と飲み水の欠乏に悩み、十月中旬に誠保は降伏を決意して城を明け渡し隠岐へと退いた。尼子氏家臣牛尾久清をはじめとする城兵

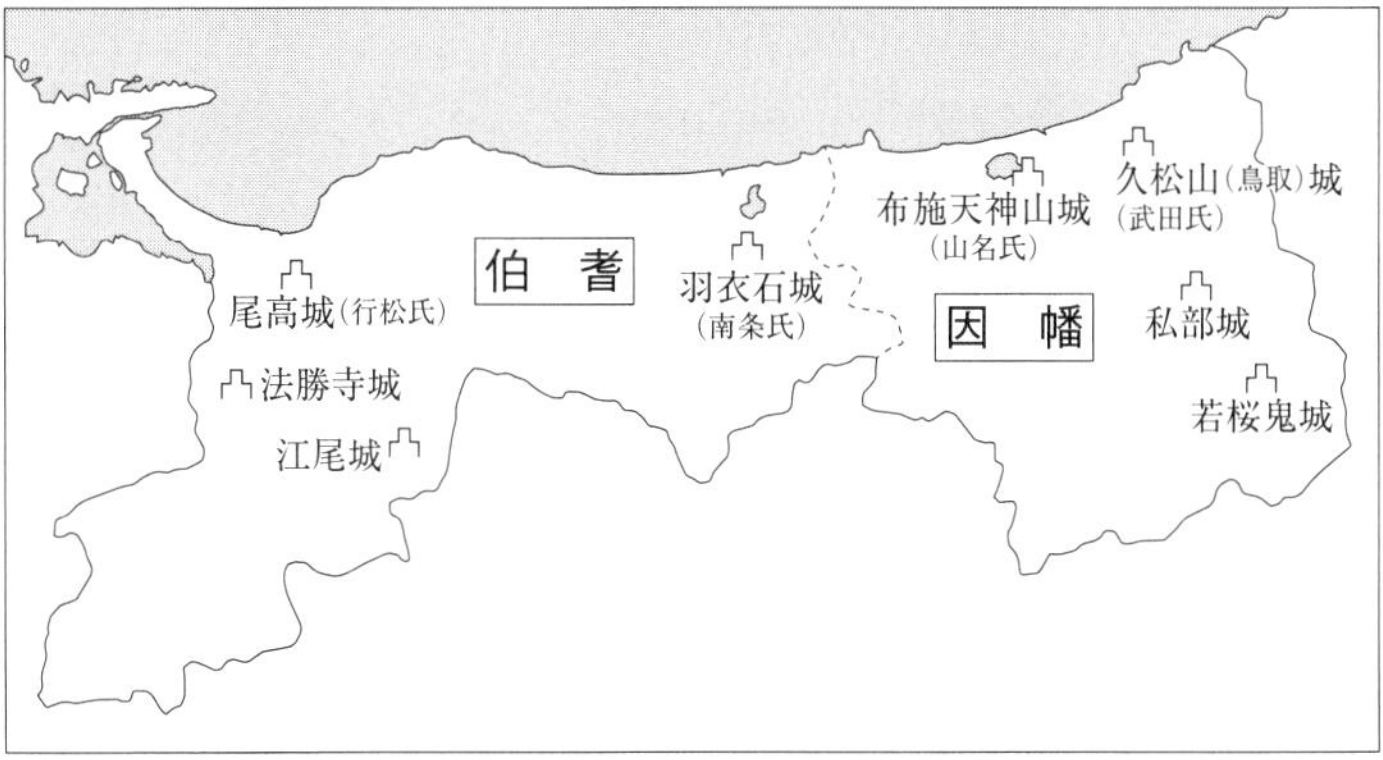

39—伯耆・因幡関係地名図

は、月山城への退去が認められた。

毛利氏の伯耆・因幡侵入

白鹿城を接収した毛利方は、その南方の宍道湖岸の洗合（島根県松江市）に陣地を築き、月山城攻撃の本拠とした。ただちに進撃するのではなく、なおも包囲戦を続ける方針をとったのである。城兵の月山城への退去を認めたのも、むしろ城内の人数を増やし兵粮の欠乏を早める作戦だったと考えられる。十一月には、伯耆（鳥取県西部）・因幡（鳥取県東部）の尼子方が兵粮を数十艘の船に乗せ弓ヶ浜（鳥取県米子市）に上陸しようとしたが、月山城から出撃した掩護の兵とともに、待ち構えた海陸の毛利勢によって撃退された。

毛利方はさらに、月山城への補給の根源を断つため、伯耆・因幡の制圧を目指した。伯耆では、東の羽衣石城主南条宗勝と西の尾高城（鳥取県米子市）主行松正盛が、毛利氏の出雲侵入以来味方についていたが、特に西方では尼子方が強く残っていた。そこで、毛利氏家臣の山田満重が尾高城近くの川岡城（鳥取県米子市）に入り、正盛死後は備後国衆の杉原盛重が後家と結婚して尾高城に入り、両者が協力して周辺の尼子方諸城を攻略した。永禄七年（一五六四）三月には、備中の三村家親も西伯耆に出陣して法勝寺城（鳥取県西伯郡南部町）に入り、尼子方の日野衆（鳥取県日野郡の国人集団）の蜂起を彼らの力で鎮圧、永禄八年八月に首謀者である鉢塚右衛門尉の拠る江尾城（鳥取県日野郡江府町）を陥落させた。これにより、伯耆一国はほぼ毛利方の制圧するところとなった。

因幡では、布施天神山城（鳥取市）に拠る守護家の山名豊数が尼子方についていたが、久松山城（鳥取市）に拠る重臣の武田高信が勢力を伸ばし、山名一族の豊弘を擁して主家と対抗していた。そのため高信は、南条氏・毛利氏との連携を強め、永禄七年七月には南条宗勝と毛利氏家臣小寺元武の連合軍が因幡に侵攻し、豊数方の鹿野城を奪った。これを見て、山名本宗家である但馬の祐豊が八月因幡に侵入し、三つの勢力が対峙する形となった。このため、因幡からの尼子方への救援は絶望的となった。

月山城攻略と尼子氏の降伏

こうして、月山城への兵粮補給は途絶え、城を逃げ出す者が跡を絶たなくなった。

こうした状況を見た毛利勢は、永禄八年（一五六五）四月、本陣を洗合から月山城の北西四キロメートルにある星上山に移した。そこで行ったのは、月山城周辺の富田郷における「麦薙」と「苗代返し」である。季節は春であり、収穫期の麦を刈りとり、田植え前の苗を台無しにするもので、食料調達への希望を奪い戦意を喪失させる作戦だった。城内からは妨害の兵が繰り出され、待ち受けた毛利勢と各地で激戦となり、双方に多数の死傷者が出たが、籠城側の消耗を促す結果となった。そこで毛利勢は、いったん洗合に引き返した。

　秋になって再度出陣した毛利勢は、今度は月山城を見下ろす経羅木山に本陣を構え、いっそう人・物の出入り阻止を強化した。そして、城内の飢餓が深刻化したころ合いをはかり、降伏・退去を認める方針に転換した。すると、十一月には牛尾幸清・久清父子をはじめ、亀井秀綱・湯惟宗などの有力武将が、相次いで退去・投降してきた。残った者も疑心暗鬼にとらわれ、翌永禄九年正月には、筆頭家臣の宇山久信父子が、「逆心企て候証拠紛れざる」として、義久に誅殺された。

40―月山城から経羅木山を望む

　二月に古希を迎えた元就が発病する事態が生まれたが、京都から名医曲直瀬道三を迎え治療した結果、翌月には回復し事なきを得た。月山城の疲弊は進む一方で、五月に安芸国衆平賀広相が攻め込んだところ、「山中御殿」と呼ばれる広い郭まで深入りし、さらに主郭へ向かう「七曲」という坂に達したところで、ようやく尼子方と遭遇する有様だった。そしてついに十一月にいたり、義久は降伏を決意し、弟の倫久・秀久とともに元就・元春・隆景それに初陣を飾った輝元との間で起請文を交換した。義久らは安芸に送られ軟禁されたが、天正十七年（一五八九）には軟禁を解かれ、倫久は客将として朝鮮侵略や関ヶ原合戦に従軍し、子孫は旧姓佐々木を名乗って毛利氏家臣となった。また、残った山中幸盛などの家臣は出雲退去を命じられた。

2　毛利・大友氏の激突

門司城争奪戦　北九州での毛利方と大友方の攻防を、永禄二年（一五五九）に戻って見ることにしよう。秋月・筑紫氏の再上陸、宗像氏・長野氏らの毛利方への転向などに対し、大友義鎮はこの年六月に豊前・筑前の守護職を獲得し両国死守の姿勢を示した。一方、毛利元就は、旧大内家臣で豊前企救郡（北九州市など）を本貫とする貫元助に門司城（北九州市門司区）を奪取させ、同じく旧大内家臣の仁保隆慰を城番に入れ、毛利方の橋頭堡とした。しかし大友方は、九月に田原親宏・田原親賢率いる大軍により反撃し城を奪回した。これに対し毛利方も、山陽方面担当の小早川隆景率いる水軍の力により再度奪回するなど、門司城をめぐっては一進一退の攻防戦が繰り返されていた。

永禄四年九月から尼子氏との講和交渉が順調に進むなか、元就は門司城救援のため隆景をあらためて派遣、隆元を後詰として防府まで出張らせた。さらに赤間関鍋城主堀立直正が対岸の門司城に入り、村上武吉率いる能島水軍も応援に駆けつけた。大友方も一万五千の大軍をもって攻め寄せ、十月に入り両者が激突した。水軍力に勝る毛利方が機動性を発揮して戦い進め、劣勢となった大友方は十一月に入り門司から撤退した。勢いに乗る毛利勢は大友勢を豊前から駆逐、苅田松山城（福岡県京都郡苅田町）を支配拠点とし、大内氏の豊前守護代だった杉重矩の孫杉松千代丸（のちの重良）を城番に入れ、安芸国衆天野隆重らに補佐させた。

41―門　司　城

永禄五年七月に毛利氏が大軍をもって出雲に侵入した隙を突いて、大友義鎮は九月に重臣戸次鑑連に苅田松山城と門司城を攻撃させた。とりわけ松山城への包囲は長期にわたり、陥落の危機を迎えるにいたった。そこで十二月、急遽、毛利隆元が後詰のため三千の兵を率いて防府に出張し、家臣乃美宗勝を松山城に派遣した。宗勝は天野隆重らとともに「手火箭」（鉄炮）を駆使して大友勢の攻撃を食い止め、城の防衛に成功した。

豊芸講和

これを機に、永禄六年（一五六三）に入り将軍足利義輝による和平調停が本格化することになる。大友義鎮は豊前・筑前での状況悪化を憂慮し、永禄五年初頭に義輝に使僧を派遣し、守護職を獲得していたことを楯に、毛利氏へ

42―苅田松山城

の豊前・筑前撤退指示を要請していた。前述のように、毛利方は二正面作戦を回避したいと考えており、両者の交戦が一段落したところで、本格交渉が開始されることとなったのである。三月に将軍の使者として聖護院道増が防府を訪れ、隆元と打ち合わせたうえで豊後府内に向かい、義鎮との交渉にあたり五月には大筋で合意に達した。

講和条件は、①毛利軍の門司城周辺以外の豊前・筑前からの撤退、②苅田松山城と香春岳城（福岡県田川郡香春町）の破却、③大友・毛利家の縁組の三つだった。休戦を急ぎたい毛利氏は、この条件もやむなしと考えていたが、宗像社宮司の宗像氏貞、香春岳城主の杉連緒、それに新たに毛利方に寝返った筑前宝満城（福岡県太宰府市）主の高橋鑑種らが、特に②について強く反対した。鑑種は大友氏一族の一万田氏の出身で、筑前国衆高橋氏の名跡を継いだのだが、兄一万田鑑相が義鎮に討たれたことを恨み、また地域権力としての自立を目指してこの挙に出たとされる。ともかく彼らは、香春岳城は豊前・筑前の内陸交通を押さえる要衝にあり、この城を手放したら大友方の筑前侵攻を阻止できなくなることを危惧したのだった。そうなれば、味方のうちから大友方に寝返り門司城を襲う者が出てくる恐れもあった。また、赤間関に在番する将兵からも、命がけで奪った北九州の地を敵に渡すのは忍びないとの声もあがった。元就・隆元は、豊前・筑前進出を支えた彼らの離反を防ぐべく、道増を通じて粘り強く説得にあたった。

その結果、翌永禄七年五月にようやく杉連緒が香春岳城明け渡しに同意し、七月に義鎮と元就・元春・隆景の間で起請文が取り交わされ、豊芸講和は正式に成立した。しかし、そこで約束された毛利方の「牢人」が抱える城の明け渡しについては、秋月・宗像氏らが表面上大友氏に服属する形をとることで、うやむやになってしまった。

毛利軍の伊予出兵

永禄九年（一五六六）十一月の尼子氏降伏により、大友—毛利関係は新たな局面を迎えた。すでに大友氏は、豊前の長野氏や筑前の麻生氏など毛利方の国衆に圧力をかけていたが、毛利氏の北九州再侵攻は必定とみて、永禄十年七月に毛利方に寝返った高橋鑑種討伐の軍を起こした。大友義鎮がポルトガルのカピタンモールに火薬の材料である硝石の独占輸入を申し出たのは（第三章第2節「入港先の横瀬浦・長崎への移転」参照）、このときのことである。それに対し、秋月・宗像氏らは再び反大友の旗幟を鮮明にし兵をあげた。翌永禄十一年には高橋鑑種の誘いをうけて、筑前立花城（福岡県糟屋郡久山町）を守る大友氏一族の立花鑑載が大友氏に背いたが、義鎮が戸次鑑連を立花城に派遣し奪回させた。こうした流れのなかで、長野広勝のように毛利方不利とみて再度大友方に寝返る者も出てきた。豊芸講和も四年にして破綻したのである。

43—伊予・土佐関係地名図

このように豊前・筑前では戦火が広がっていたが、毛利氏はただちには動かなかった。厳島合戦を契機に毛利氏と結びついた伊予の河野氏が、大友氏と連携する土佐一条氏の攻撃をうけ、危機に立たされていたのである（第一章第4節「四国の情勢変化」参照）。一条氏は、鎌倉時代の伊予守護で大津地蔵嶽城（愛媛県大洲市）を本拠とする宇都宮氏や、公家出身で領地の宇和荘を南北朝時代から直接支配し、黒瀬城（愛媛県西予市）を本拠とする西園寺氏を味方に引き込み、河野氏と小競り合いを繰り返していた。永禄十年九月には河野氏重臣の来島氏・平岡氏の軍勢が宇和郡立間（愛媛県宇和島市）まで乱入し、宇都宮領との境目にあたる鳥坂峠（愛媛県西予市）に城を築いた。これに対し、一条氏配下の津野正勝率いる「幡多衆」が伊予に出陣、鳥坂城を攻撃し陥落の危機に追い込んだ。

事ここにおよんで、毛利氏は河野氏救援を決断した。家中では「伊予出兵は小早川隆景の来島氏などとの個人的つながりによる戦争だ」などという者もいたという。おそらく早く北九州に出兵すべきだと考え、余計なことをすると反発したのだろう。元就は、「厳島合戦では来島氏の助けで自分も隆元も首がつながった。今度はその恩返しであり本望だ」としているが、北九州の戦いを有利に進めるうえで、来島氏ら村上水軍の力が不可欠なことはすでに実証済みであり、伊予出兵はきわめて重要な作戦だった。こうして永禄十一年三月に隆景配下の乃美宗勝が先遣隊として派遣され、鳥坂城の危機を救った。さらに四月には吉川元春・隆景率いる本隊二万五千が伊予に上陸し、宇都宮氏の本拠大津地蔵嶽城に一気に攻め寄せ、宇都宮豊綱を降伏させた。この間、高齢の元就は吉田にとどまり、輝元が安芸佐東郡の緑井（広島市安佐南区）から総指揮をとる形をとった。

この勝利を背景に毛利氏は、病弱で実子のいない河野通宣の後継者の地位に、来島通康と隆景養女（宍戸隆家の娘）の間に生まれた牛福（のちの河野通直）をつけることに成功した。後継者候補には、通宣の父である河野弾正少弼通直の娘と通康との間に生まれた牛松（のちの来島通総）がいたが、毛利氏は力で押し切ったとされている。これにより、河野氏の毛利氏との一体化がさらに進んだ。また、敗れた土佐一条氏は伊予での影響力を失ったのみならず、土佐での威信も低下させ、台頭著しい長宗我部氏の攻勢をうけることになった。

毛利軍の北九州再侵攻と立花城攻防戦

元春・隆景は五月に安芸に帰陣したが、ゆっくり休む間もなく七月には五万といわれる大軍を率いて北九州に向かった。海上勢力に勝る毛利方は、大友方の妨害を払って豊前に上陸、ただちに大友側に寝返った長野氏を攻めるべく足立山（北九州市小倉北区・小倉南区）に陣を張った。本城の三岳城（北九州市小倉南区）をはじめ、付近の等覚寺城（福岡県京都郡苅田町）なども次々と落とし、長野弘勝をはじめ長野氏一族を滅ぼした。

さらに肥後北部の菊池義武の息子則直や、肥後南部の相良義陽・肥前の龍造寺隆信らが、毛利勢九州上陸の報を聞いて誼を通じてきた。隆景は、彼らと連絡をとり大友氏包囲網を形成しながら、秋月種実・高橋鑑種ら毛利方国衆との連携を強めるべく、馬見城（福岡県嘉麻市）・笠木城（福岡県宮若市）・山田城（福岡県糟屋郡新宮町）を新たに築き、兵粮を入れて長期戦の構えをとった。

永禄十二年（一五六九）正月になって、前年織田信長に擁せられ上洛し将軍位に就いた足利義昭が、毛利・大友間の講和斡旋に乗り出した。義昭は、三好三人衆に居館の京都本圀寺を襲われ、撃退して阿波に追い返したところだったので、彼らを討つため幕府に協力するよう求めてきたのである。しかし、両者とも応じようとしなかった。今度こそ長年の抗争に決着をつけるべき時だという判断で、一致していたのである。

大友義鎮は、二月には自ら戸次鑑連以下の将兵を率いて肥前佐賀城の龍造寺隆信攻撃に向かい、三月には秋月氏への圧力をかけるために馬見城を攻略するなど、活発に動いた。毛利方も、輝元が二月に桜尾城に進出、元春・隆景は三月に足立山を発ち四月には立花城の麓に本陣を移した。さらに元就も病軀を押して輝元とともに長府（山口県下関市）まで出陣してきた。一方の大友方も、戸次鑑連以下の主力六万が佐嘉城の包囲を解いて立花城救援に駆けつけた。五月には両軍が激戦を展開し、毛利方は鉄炮隊が活躍し元春麾下の部隊は百名以上を射殺、戸次鑑連隊の負傷者五十一名のうち鉄炮傷は十六名を数えた。これらにより、大友方は毛利方の立花城包囲を解くことができず、籠城衆は閏五月三日に降伏し退出した。しかし、大友方主力は立花城周辺から退くことなく、執拗に奪回をはかってきた。このため、毛利方の大軍も撤収することができず、立花城付近にとどまらざるをえず、持久戦の様相を呈することになった。その間に、秋月種実が大友氏に降伏し、相良義陽も大友氏と誼を通じるなど、状況は大友方有利に推移していった。

尼子勝久の出雲侵入と「毛利氏包囲網」の形成

さらに毛利方を危機に陥れる事態が、次々と生じた。各地の反毛利勢力が、大友氏と連携しつつ動き出し、「毛利氏包囲網」を形成したのである。まず永禄十二年（一五六九）六月、尼子勝久が挙兵した。勝久は新宮党尼子誠久の末子で、父が誅伐されたときはわずか二歳、乳人に抱かれて備後に逃れ、さらに上洛して東福寺に入り僧として育った。いまだ十六歳の若者だったが、鞍馬山で育った源義経のように武勇に優れていたといわれる。尼子氏遺臣の山中幸盛・立原久綱らがこれに目をつけ、毛利氏主力が北九州に渡った隙を突き、尼子氏再興を掲げて擁立したのである。勝久らは但馬に赴き、毛利氏の東方進出に危機感を抱いていた守護山名祐豊の後援を得て、四百名ほどの手勢とともに、出雲忠山（島根県松江市）に上陸した。

すると、知らせを聞いた松田誠保ら各地の遺臣たちが忠山に結集し、その数は三千におよんだ。勝久は近くの新山城（島根県松江市）に拠り、富田月山城奪回を目指した。月山城は安芸国衆の天野隆重が城将として守っていたが、北九州出兵により手薄となっていた。そのうえ、城内から尼子方に転じたり、反乱を起こす兵も出た。小早川隆景は立花城の陣中から、米原綱寛・三沢為清ら出雲国衆を救援のため帰還させたが、綱寛は[redacted]前の誠久と親交が厚く、すでに五月ごろから大友氏と連絡を取って尼子氏再興に協力するよう依頼さ[redacted]ており、本拠高瀬城に戻るとただちに勝久に応じた。かの福屋隆兼も出雲に舞い戻り勝久に合力した。[redacted]久は彼らに旧領を安堵する大量の文書を発給しており、呼応した者の広さを知ることができる。

それだけでなく、備後や美作（岡山県北部）でも[redacted]利氏に滅ぼされた者の一族や家臣が、各地で反乱を起こすにいたった。また、備前（岡山県東部）の浦上[redacted]景は、かねてより反毛利氏で大友氏と結びついており、その動きも予断を許さなかった。そのため毛利[redacted]就は八月、出雲朝山出身で織田信長と親しい僧日乗を通じて、信長に山名氏や浦上氏を牽制するよう要[redacted]、信長はこれに応じて木下秀吉らを但馬・播磨に出陣させた。しかし、山陽地方はいまだ信長の戦略[redacted]点ではなく、伊勢北畠氏攻略に力を注ぐようになると、秀吉らは早期に撤兵した。そこで日乗は、義昭・信長に働きかけ、再度大友・毛利間の講和斡旋に乗り出させた。元就は今度は受け入れの意思を示したが、義鎮が応じるはずはなく、豊前・筑前での攻勢を強めた。

大内輝弘の周防侵入と毛利軍の北九州撤退

これに追い打ちをかけるように、永禄十二年（一五六九）十月十一日、大内輝弘（てるひろ）が数千の兵を率いて周防（すおう）の秋穂浦（あいおうら）（山口市）に上陸した。輝弘は、大内義興（よしおき）の弟高弘（たかひろ）の息子で、義隆の従兄弟にあたる。高弘は兄義興に替わろうとする陰謀を企て、発覚して大友氏を頼り豊後に逃れた。輝弘はそこで生まれ食客として大友氏に保護されていたが、豊後には大内家再興を目指す牢人が在住しており、彼はそのリーダー的地位にあった。義鎮は、毛利方との決戦において、このカードを切ったのである。

立花城周辺で両軍が死闘を演じていた五月、義鎮は輝弘に周防上陸準備を指示し、配下の水軍を防長付近の海に出動させ、毛利方の様子をうかがわせた。その後も何度か海岸を襲い揺さぶりをかけるなかで、若林鎮興（わかばやししげおき）率いる大友水軍の擁護のもと、輝弘の周防侵入が決行されたのである。毛利方の守備が手薄ななか輝弘はやすやすと上陸、翌日には山口に乱入し大内氏の築山館（つきやまやかた）跡を占拠した。輝弘の上陸が容易だった背景には、能島村上武吉が大友方の調略に応じ、上関（かみのせき）（山口県熊毛郡上関町）に在番していた配下の警固（けご）船を動かさなかったことがあると推定されている。

山口を守る高峯城（こうのみねじょう）（山口市）は、在番の山口奉行市川経好（いちかわつねよし）が出陣中で防備は手薄だったが、妻が甲（かつ）

冑を身につけ長刀を振るって陣頭指揮にあたり、何とか持ちこたえることができた。長府の本陣で輝弘山口占拠の報を聞いた毛利元就は、ただちに元春・隆景に九州撤退を命じ、毛利軍主力は十月十五日に立花城を撤退、十八日には長府に到着した。そして二十日、元春が一万の兵を率いて山口に向かうと、敵わずとみた輝弘は山口を脱出、秋穂浦を目指した。しかし、大友水軍はすでに帰国しており、輝弘は船を求めて三田尻（山口県防府市）から富田（山口県周南市）へと向かったが、元春の追撃をうけ前方からも毛利方の兵が迫ったため、富海近くの茶臼山（山口県防府市）で自刃し、最後まで付き従った百人余の手勢もこれに殉じた。

主力の去った立花城は、乃美宗勝・坂元祐らが守っていたが、大友方からは再三開城が求められ、元就の指示もあって十一月二十一日に城を去った。高橋鑑種ら毛利方国衆も大友氏に降伏し、北九州で毛利方に残るのは門司城のみとなった。

3　毛利氏包囲網の瓦解

出雲の戦い

北九州から撤退した毛利氏が直面する課題は、尼子勢に包囲された出雲富田月山城への救援だった。翌元亀元年（一五七〇）正月、体力の衰えた元就にかわり、十八歳になったばかりの輝元が総大将となり、二万六千と称される兵を率いて出雲に向かった。毛利軍は国境の積雪を冒して赤穴に進み、さらに北上して尼子方が守る多久和城（島根県雲南市）を攻め落とした。そこから一路月山城を目指し、三沢（島根県仁多郡奥出雲町）を経て比田（島根県安来市）に進んだ。山中幸盛・立原久綱ら尼子軍主力は、これを邀撃しようと月山城の南五キロメートルほどの布部（島根県安来市）に布陣した。両軍は二月十四日に激突したが、数に勝る毛利軍の大勝となり、幸盛・久綱は尼子勝久の新山城へと退いた。翌日輝元は月山城に入り、兵粮が尽きていた城兵たちを救った。

月山城には、元就の五男毛利元秋が城将として守備につき、輝元は残る尼子方諸城の攻略に移った。そのなかでも激しかったのは、四月に行われた牛尾城（島根県雲南市）の戦いだった。牛尾城主の牛尾氏は、白鹿城の戦いで敗れたのち月山城に退去したが、尼子氏降伏の際には毛利氏の勧告を受けていち早く退去していた（本章第1節参照）。しかし、勝久の出雲侵入とともに尼子方に復帰し、布部の戦いにも参加していた。毛利軍の猛攻の前に牛尾氏は降伏の意を示したが、城内の失火から毛利軍が一気に乱入し、百六十人余が討ち取られるという悲惨な結果となった。これを機に、各地で尼子方の将が毛利方に降伏し、残るは勝久の新山城と米原綱寛の高瀬城のみとなった。

44—毛利輝元画像（毛利博物館所蔵）

しかし、元就が重病にかかったため、九月に入ると元春・

宍戸隆家を出雲に残し、輝元・隆景らが一時帰国した。その隙を突いて尼子方は反攻に転じ、中海南岸の安来港を守る十神山城（島根県安来市）を占領した。さらに中海北岸の森山城（島根県松江市）城主の秋上久家が毛利方に降伏し、日本海への道が閉ざされてしまっていたため、これをを攻め水上ルートの確保をはかった。そこで元就は、安芸河内警固衆の井上就英を、温泉津から森山城救援に向かわせた。就英は援軍の到着を待たずただちに出陣し、尼子方の兵船を襲って海上支配権を取り戻した。すると、孤立を恐れる尼子方は十神山城を退去した。こうして、再び新山・高瀬城の孤立が深まり、毛利方の稲薙により兵粮はますます切迫した。翌元亀二年三月には綱寛が降伏し新山城へと移った。勝久が援助を期待した丹後（京都府北部）・但馬（兵庫県北部）の水軍は出雲にたどり着くことができず、隠岐の尼子方も毛利方の湯原春綱により降伏させられた。こうしたなかで、元就は六月十四日に吉田で亡くなり、輝元・隆景が臨終に立ち会った。しかし戦況に影響はなく、八月下旬には新山城が開城した。勝久は開城前に逃亡し、幸盛は伯耆で毛利軍と戦って降伏するが、身柄を拘束されたのち脱出し、美作方面に落ちのび、ともに再起をはかることとなった。

備前浦上氏と毛利氏の抗争

尼子勝久が撤退したのち、東方で毛利氏と敵対する主力となったのは、備前の浦上宗景だった。接点となる美作では、毛利方の三村家親が進出し国衆三浦氏の拠る高田城（岡山県真庭市）を攻略したが、永禄九年（一五六六）家親が浦上方に属する宇喜多直家に暗殺されたのに乗じて三浦氏が城を奪回、さらに毛利氏の援助により家親の息子三村元親が再度城を回復するなど、両者の競り合いが続いていた。尼子勝久の出雲侵入に際しては、三浦氏が再度の奪回を目指して高田城に迫っているが（本章第2節「尼子勝久の出雲侵入と『毛利氏包囲網』の形成」参照）、浦上氏は大友氏を介して支援を約束していた。

一方で永禄十一年には、能島村上氏の守る備前児島本太城（岡山県倉敷市）を、阿波三好氏配下の讃岐国衆香西氏が攻撃し、撃退はしたものの香西方の攻勢は止まず、村上武吉はすでに調略をうけていた大友氏を仲介役として、香西氏と和議を結んだ。その後、能島村上氏は大友・浦上氏との関係を強め、元亀元年（一五七〇）八月には浦上方が備中の毛利方国衆石川氏の領地に侵略するなど攻勢に出て、翌元亀二年正月には備前児島の鼻高城（岡山県倉敷市）を味方に引き入れ、児島と四国の中間にある塩飽島（香川県丸亀市）の能島村上氏一族も大友方に通じた。これに対し毛利方は、備中の三村元親・荘元資らを児島に派遣して鼻高城・常山城（岡山県玉野市）を落とし、さらに四月には小早川隆景が本太城を落とした。しかし、五月には阿波三好氏配下の篠原長房が浦上方救援に駆けつけ、両軍の対峙は続いた。七月には隆景麾下の沼田警固衆をはじめ来島・因島の村上水軍が出動し、能島封鎖を翌年まで続けた。陸上でも備前・備中国境での争いが続き、九月には三村元親らが宇喜多氏の属城である佐井田城（岡山県真庭市）を攻撃したが、備前・美作・播磨（兵庫県西部）からの増援を得た浦上勢によって撃退された。

こうしたなかで元亀三年に入ると、足利義昭が今度は毛利・大友氏に加えて浦上氏の三者に対して講和斡旋を始めたが、毛利・大友氏とも応じなかった。大友義鎮は四月、土佐の一条兼定の要請に応じて伊予の西園寺公広攻撃軍を派遣し、あわせて河野氏への牽制をはかった。そのため、毛利輝元はうかつに動けないでいたが、大友方が本格的攻勢に入る気配のないのを見きわめ、三村・荘氏らの要請に応じ、七月自ら軍を率いて備中に出陣した。同時に、かねて連携を強めていた因幡鳥取城主の武田高信（本章第1節「毛利氏の伯耆・因幡侵入」参照）に美作への出陣を要請、同じく誼を通じていた美作の国衆草刈景継にも出陣を求めた。毛利方の圧力が強まるのを見た浦上宗景は、義昭に対して講和斡旋を受け入れることを伝え、輝元もこれを受諾し十一月になり安芸に帰陣した。

尼子勝久の再侵攻

　こうして山陽方面での抗争は一段落したが、山陰方面で新たな戦いの火がついた。天正元年（一五七三）になり、尼子勝久・山中幸盛らが但馬の山名祐豊の支援を受けて因幡に上陸、東端の浦富の桐山城跡（鳥取県岩美郡岩美町）に砦を築いて本拠とし、再起を目指したのである。勝久は因幡守護家の山名豊国と提携し、毛利方の武田高信を鳥取城に攻め、九月には開城となり豊国が城主となった。高信はこの戦いのなかで死亡しているが、詳細は不明である。毛利輝元は、安国寺恵瓊を通じて織田信長に勝久牽制のため但馬出兵を求めた。当時毛利氏と友好関係にあった信長は、羽柴秀吉を派遣すると約束したが、実行されることはなかった。すでに裏では、山中幸盛に援助の約束をしていたようである。

　反撃に手間取った毛利方だったが、十月には吉川元春が因幡に着陣し、その勢いをみた豊国は戦わず降伏した。翌天正二年、勝久は拠点を鳥取城南東の私部城（鳥取県八頭郡八頭町）に移して豊国と対抗し、さらに但馬との連絡に備え東方の若桜鬼城（鳥取県八頭郡若桜町）を略取して本拠を移し、私部城は幸盛の女婿亀井茲矩に守らせた。しかし、再度元春が因幡に出陣する動きをみせると、山名祐豊は天正三年正月、元春に和議と勝久らの撲滅への協力を申し入れた。後述するように、このころ山陽方面で三村元親が毛利氏から離反したため、毛利方の因幡出陣は九月にずれ込んだが、ただちに私部城攻略に取りかかり、十月上旬には茲矩を降伏に追い込んだ。続けて鬼城攻撃に移ったが、宇喜多直家との抗争に敗れた浦上宗景が、織田信長の支援を求めるという新事態が発生し（後述）、対応策協議のため元春と隆景が安芸吉田に帰らざるをえなくなった。そこで元春は、草刈景継の弟重継と備後国衆杉原盛重に後を託し、鬼城包囲を続けさせた。その結果、翌天正四年五月には勝久・幸盛らは鬼城からの撤退を余儀なくされ、尼子氏再興の夢は再度破れた。

宇喜多直家の毛利氏帰属と三村元親の離反

備前では、毛利方との講和後、浦上宗景と宇喜多直家の間が険悪化していた。宗景は、播磨支配をめぐり対立していた三木城（兵庫県三木市）主の別所長治と信長の斡旋で和解、信長から備前・播磨・美作の支配を認められるなど、織田氏との関係を強めた。一方直家は、毛利氏との関係を強化して対抗、天正二年（一五七四）四月ごろから戦闘状態に入った。抗争は、天正三年九月に直家が宗景の本拠備前天神山城（岡山県和気郡和気町）を攻略することで決着し、浦上方についた三浦氏の美作高田城も陥落した。宗景は播

45―宇喜多直家像（光珍寺旧蔵）

磨に逃亡し、信長の支援による備前回復を目指すようになった。

天正二年十月、備中における毛利方の中心だった三村元親が、織田信長や大友義鎮の調略に応じ、突然毛利氏に反旗を翻した。最大の原因は、毛利氏が宇喜多直家との連携に踏み切ったことへの不満だった。元親は、前述のように父家親を直家の手の者によって暗殺されており、兄である荘元祐を佐井田城の攻防戦で宇喜多方に殺されていた。直家は、父・兄の許しがたい仇だったのである。

これを重視した毛利輝元は、因幡出陣を延期して閏十一月初めに小早川隆景とともに備中に出陣し、まず三村一族の政親が守る国吉城（岡山県高梁市）を攻めた。政親は敵わずとみて降伏を申し出たが、隆景は「最初の戦いであり徹底的に討ち果たす」として許さなかった。城は天正三年の元日に陥落し、政親は二十人の将兵とともに脱出したものの、残った兵は三百五人が殺されるという惨憺たる結果となった。その後も、三村一族が守る諸城は次々と陥落し、二月になると残るは本拠の松山城（岡山県高梁市）のみとなった。輝元は慎重を期して、元親の妹婿である上野隆徳が拠る備前常山城（岡山県玉野市）に分遣隊を送り、両者の連絡を断ったうえで松山城攻撃に取りかかった。毛利軍は城周辺の広汎な麦薙を実施し、長期包囲作戦をとった。絶望的状況に城を脱出する兵が続き、これまでと観念した元親は城下の頼久寺（岡山県高梁市）で自害し、城は五月二十二日に陥落した。続いて常山城も落ち、三村一族の反乱は平定された。

その後備中では、元就の四男元清が荘氏の本拠猿掛城（岡山県倉敷市）に入り、荘氏の別称穂田を名乗り支配担当者の地位についた。また松山城には安芸国衆天野隆重の息子元明が入るなど、毛利氏の支配が強化された。村上武吉も隆景の三村方への勝利に対し祝意を表明しており、このころには毛利方に復帰していた。こうして、山陰・山陽における反毛利氏勢力は、姿を消すことになったのである。

4　龍造寺・島津氏の発展

龍造寺隆信の台頭

毛利氏が中国地方で包囲網と戦っている間、大友氏は龍造寺隆信の台頭に脅かされていた。龍造寺氏は、肥前佐賀郡龍造寺村（佐賀市）を名字の地とする国衆で、室町時代には守護少弐氏の家臣だったが、十六世紀前半に活躍した家兼が筆頭家臣にまでのし上がり、危機感を抱いた少弐氏に息子・孫をことごとく討たれてしまった。しかし家兼は、筑後柳川の蒲池氏の保護を受けて再起、仏門に入っていた曽孫の胤信を還俗させ跡を継がせた。胤信は大内氏と結んで少弐氏を肥前から追い、大内義隆から偏諱をもらい隆信と名乗った。大内義隆の死の余波を

46―筑後・肥前・肥後関係地名図

うけて、隆信は少弐氏勢力の反攻にあい一時本拠の佐嘉城を追われるが、再び蒲池氏の援助を受けて城を回復、以後は大友氏と結んで東肥前支配を進めた（第一章第4節「大友氏の豊前・筑前進出と国衆の反抗」参照）。永禄六年（一五六三）には、西肥前の有馬氏や大村氏が少弐氏再興を目指す少弐政興らと東肥前を攻め、龍造寺氏の台頭を危惧した大友氏もこれを支援した。そこで隆信は、永禄十一年の毛利勢北九州再侵攻に際し、毛利氏と誼を通じて大友氏包囲陣に参加した。これに対し大友義鎮は自ら大軍を率いて佐嘉城攻撃に向かったが、毛利勢の立花城包囲に対応するため撤兵せざるをえなくなった（本章第2節「毛利軍の北九州再侵攻と立花城攻防戦」参照）。

毛利勢主力が、大内輝弘の周防上陸により北九州からの撤退を余儀なくされると、元亀元年（一五七〇）三月、大友義鎮は再度龍造寺氏征討軍を起こし佐嘉城を攻めた。義鎮は筑後高良山（福岡県久留米市）に本陣を置き、肥前・筑後の国衆の大半の動員により八万余に膨れあがった大軍が城を包囲した。しかし、城周辺は筑後川下流のクリーク地帯であり、完全封鎖は困難だった。そのため戦いは容易に決着がつかず、義鎮は八月に弟の大友親貞に三万の軍勢を与え、城の北にある今山に配置して背後から襲わせようとした。ところが、攻撃の前夜に隆信の義弟鍋島信昌（のちの直茂）が夜襲をかけ、前祝いの酒宴を開いていた大友軍は、大将親貞はじめ多くの将兵が戦死した。これを機に和平気運が高まり、龍造寺側の働きかけにより九月に和睦が成立した。

47―龍造寺氏系図

家兼―家純―周家―隆信―政家

今山の戦いは局地戦にとどまり、龍造寺方の完全勝利とはならなかったため、大友氏を排除するまでにはいたらなかった。しかし、龍造寺氏がそれまで獲得した所領は安堵されており、肥前支配の地歩を固めたことには誤りない。翌元亀二年には勢福寺城（佐賀県神埼市）主の江上武種を服属させ、隆信の息子家種を養子に送り込んだ。その後は、東部の三根郡（佐賀県三養基郡）の支配権をめぐり、勝尾城（佐賀県鳥栖市）主の筑紫広門・西島城（佐賀県三養基郡みやき町）主の横岳鎮貞と争い、また北部の三瀬（佐賀市）を通じて松浦地方に進出するなど活発に動いた。大友氏はこうした動きを牽制しようとしたが龍造寺氏は従おうとせず、天正二年（一五七四）には三度目の龍造寺討伐軍を起こそうとしたものの、筑後国衆が動員に応じず不発に終わった。翌天正三年ごろには、松浦隆信・大村純忠らが次々と隆信に起請文を提出しており、肥前はほぼ龍造寺氏の支配下に入った。

島津氏の日向制圧

南九州では、島津貴久の大隅制覇が一段落した後も、なお残る薩摩・大隅の反島津国衆や佐土原（宮崎市）を本拠とする日向最有力の国衆伊東氏と、島津氏との争いが続いた。日向では、海外交易の拠点である飫肥（宮崎県日南市）・志布志（鹿児島県志布志市）をめぐり、島津氏庶流の豊州家忠親と伊東義祐・高山城（鹿児島県肝属郡肝付町）主肝付兼続の間で、争いが繰り返されていた。永禄五年（一五六二）にいったんは義祐が飫肥を、兼続が志布志を支配するようになったが、飫肥は忠親がすぐに奪回し、永禄九年には島津貴久が高山城を落とし兼続も亡くなった。その後も、飫肥をめぐる島津氏と伊東氏の争いは続き、永禄十一年には伊東義祐が二万の兵で飫肥城を攻め、奪回に成功した。

伊東氏は飫肥確保の勢いに乗り、薩摩と境を接し穀倉地帯でもある日向南西部の真幸院（宮崎県えびの市・小林市・高原町）攻略に本格的に乗り出した。その一方で島津氏は、永禄十二年には菱刈隆秋の拠る大口城（鹿児島県伊佐市）を落とし、清色城（鹿児島県薩摩川内市）に拠る入来院氏を降伏させ、薩摩北部に勢力を伸ばした。こうして両者は、この地で激突することになる。島津氏は真幸院の中心飯野城（宮崎県えびの市）に義弘を入れ防衛の拠点としていたが、伊東氏は永禄九年に前線拠点として三ツ山城（宮崎県小林市）の築城に取りかかった。島津方は、これを阻もうと義弘だけでなく兄弟の義久・歳久らを動員して攻めかかったが、撃退され義弘は重傷を負った。そして元亀三年（一五七二）五月、伊東方の軍勢三千が飯野城の支城加久藤城（宮崎県えびの市）の攻撃に向かった。しかし島津勢は、三百の寡兵により木崎原（宮崎県えびの市）で伊東勢を待ち伏せし、義祐の弟祐信など歴戦の武将をはじめ多数の将兵を討ち取った。

この敗戦を契機に伊東氏の退勢が進み、天正四年（一五七六）八月に真幸院を押さえる高原城（宮崎県西諸県郡高原町）が陥落すると、島津方に寝返る者が続出した。翌天正五年には、伊東方の最前線となっていた野尻城（宮崎県小林市）を守る福永祐友が、島津氏に内応して城を明け渡したのを機に、島津勢が佐土原城へと押し寄せた。もはや持ちこたえることは困難と判断した義祐は、城を脱出し姻戚にあたる大友義鎮を頼って豊後に落ちのびた。こうして島津氏は、薩摩・大隅・日向三国の制圧を成しとげたのである。

5　四国の動向

三好氏の讃岐進出

阿波守護細川持隆を滅ぼし支配の実権を握った三好義賢（実休）は、兄長慶を助け畿内への出兵を繰り返し、永禄三年（一五六〇）には高屋城（大阪府羽曳野市）に入り河内支配を担当した。永禄五年に義賢が和泉久米田の戦いで戦死すると、長男の長治が跡を継いだが、いまだ幼弱だったため重臣の篠原長房の補佐をうけた。三好氏は讃岐西部への進出をはかったが、天霧城（香川県善通寺市・仲多度郡多度津町）に拠る国衆香川之景の抵抗を受けていた。香川氏が瀬戸内海の要港多度津を支配していることから、三好氏は伊予能島・来島の村上水軍に協力を仰ぎ、海上を封鎖しつつ永禄六年に降伏に追い込んだ。これ以後三好氏は瀬戸内海に積極的に進出し、第3節「備前浦上氏と毛利氏の抗争」でみたように、永禄十一年には讃岐国衆香西氏が、能島村上氏の守る備前児島本太城（岡山県倉敷市）を攻撃し和議を結んでいる。また、織田信長と結び毛利方と対立する備前浦上氏とも協力関係に入り、元亀二年（一五七一）五月には、篠原長房が毛利方の攻勢をうけた浦上方救援に駆けつけ、小早川隆景水軍を破っている。なお、長房が補佐している間に、家法の「新加制式」が制定されている。

48—阿波・讃岐関係地名図

このように、篠原長房は阿波三好氏の勢力拡大・体制整備に大きな役割を果たしたが、元亀四年に、守護細川真之（持隆の子）を巻き込んだ主人の長治により、居城の上桜城（徳島県吉野川市）を襲われ自害して果てた。三好義賢の未亡人と通じた一族篠原自頓の讒言によるものとも、長治が信長との対決から連携へと路線転換をはかり、対信長戦を主導してきた長房を切ったものともされている。

49―長宗我部氏系図

兼序―国親―元親―信親
　　　　　　　　　　　└盛親
　　　　　　├(吉良)親貞
　　　　　　└(香宗我部)親泰

土佐長宗我部氏の台頭

一条氏が土佐中村に定着していたころ（第一章第4節「四国の情勢変化」参照）、土佐中・東部では長宗我部氏が勢力を拡大していた。戦国時代の土佐では、守護細川京兆家が明応の政変以後内紛を繰り返すなか、「土佐七雄」と呼ばれる本山・安芸・吉良・山田氏ら国衆たちが、それに連動して対立・抗争していた。長宗我部氏もその一員で、出自は土佐の在庁官人だったというのが現在の有力な見解である。室町期には守護細川京兆家の家臣となっていたが、戦国期に入ると細川政元の後継者をめぐる澄元と高国という養子同士の争いと関わり、朝倉城（高知市）を本拠とする本山氏らによって、居城の岡豊城（高知県南国市）を一時奪われた。その際、当主兼序の嫡子国親はまだ幼く一条氏に保護されたが、のちに本山氏らと和睦して岡豊城に復帰し、当主本山茂宗の娘を娶り、娘を茂宗の嫡子茂辰に嫁がせている。

国親は、なおも続く細川家の内紛のなかで、澄元の息子晴元派と結んで高国の後継氏綱派を討つ形で、長岡郡・香美郡（高知県南国市・香美市など）に勢力を伸ばした。天文十六年（一五四七）には、近隣の大津城（高知市）に拠る細川一族の天竺氏を滅ぼし、さらに同じ細川一族の十市氏・池氏を味方につけている。また天文十八年には、岡豊城を奪った仇敵の一人である山田元義を、居城山田城（高知県香美市）から放逐した。こうして勢力範囲を拡大した国親は、本山氏と境界を接するようになった。

そのようなとき、兵粮を積んだ船が大津から浦戸湾の出入口にある種崎に向かったところ、本山領の潮江から出てきた船により兵粮を奪われたとして、国親は本山氏に抗議した。本山氏は自らの指示ではないと弁明したが、国親は認めず両者は手切れとなった。これは軍記物に出てくる話だが、実際には、おそらく水運支配をめぐる主導権争いがすでに展開していたのだろう。永禄三年（一五六〇）に国親は、種崎の対岸にある本山方の長浜城（高知市）を攻略し、奪回にきた本山勢との戦いとなった。これが元親の初陣となった長浜の戦いである。戦いは決着がつかず、また国親が直後に病死したため、両者の対立は次代に持ち越されることとなった。

50―長宗我部元親画像（秦神社所蔵）

長宗我部元親の土佐中・東部制圧

長宗我部国親から家督を継いだ元親は本山氏攻撃を継続し、永禄六年（一五六三）には本山茂辰を朝倉城から名字の地である本山郷（高知県長岡郡本山町）に追った。これを機に茂辰から家督を譲られた息子の貞茂は、なおも抵抗を続けたが永禄十一年に降伏した。貞茂は元親から一字をもらって親茂と改名、長宗我部氏家臣となり信親に仕え、天正十四年（一五八六）の戸次川の戦いで信親とともに戦死した。

本山氏が長期にわたり抵抗できたのにはわけがあった。同時期に元親は、安芸郡（高知県東部）の国衆安芸国虎との戦いに力を注いでいたのである。安芸郡と境を接する香美郡の香宗我部氏が、国虎の侵出に対抗するため長宗我部氏を頼り、元親の弟親泰を養子に迎えたことから、両者間の敵対関係が明確になった。そこで国虎は、義兄の一条兼定と結び、永禄六年に元親が本山氏を攻撃する隙を衝いて岡豊城を攻めたが撃退され、一条兼定の仲介により和睦した。しかし、行き違いから再度敵対関係に入り、本山氏を降伏させた元親は、永禄十二年に国虎の拠る安芸城（高知県安芸市）を陥落させた。こうして土佐中・東部の抗争に決着がつき、長宗我部元親が制圧することとなった。安芸城には香宗我部親泰が入り、安芸守を名乗った。

長宗我部元親の土佐統一

元親は、安芸城を落とすとただちに一条氏と断交し、その属城である蓮池城（高知県土佐市）を奪い、弟で吉良氏の養子になっていた親貞を城主に入れた。元亀二年（一五七一）には高岡郡（高知県須崎市・土佐市など）の一条方国衆の中心である津野定勝と戦ったが、その後津野氏家臣の間で長宗我部方と和睦する動きがあり、定勝は隠居して息子の勝興が家督を相続した。勝興は和睦に反対だったようだが、結局元親三男の親忠が勝興の養子として入って和睦が成立し、津野氏は長宗我部氏家臣となった。ちょうどこのころ、一条兼定は伊予侵入に失敗して声望を失っており、高岡郡では久礼城（高知県高岡郡中土佐町）主の佐竹氏ら一条方の国衆は、次々と長宗我部方へと寝返っていった。

さらに元亀四年になると、一条氏家臣によって当主兼定が隠居させられ、嫡子の内政が家督を継ぐとともに、元親の娘と結婚した。長宗我部氏への降伏である。このころ、京都から本家の権大納言一条内基が土佐に下向し、内政の元服の烏帽子親をつとめ「内」の一字を与えている。内基下向については、代替わりを円滑に行うため、一条氏家臣が依頼したのではないかとの見解がある。その後内政は岡豊城近くの大津城に移され、中村城（高知県四万十市）には吉良親貞が入った。一方兼定は、妻の父親大友義鎮が支配する豊後に追放された。しかし兼定は、天正三年（一五七五）に豊後・伊予南部からの援軍を得て四国に上陸した。すると、長宗我部氏の支配に反発する元一条氏家臣が合流し、ともに中村城の奪回をはかって、四万十川（渡川）の対岸にある栗本城（高知県四万十市）に入った。両軍は四万十川を挟んで対峙し、一条方は川に杭を打って数で勝る長宗我部方の渡河を阻止しようとしたが、別働隊に上流から渡河されて挟み撃ちにあい、陣は一気に崩壊した。兼定は栗本城に逃げ帰ったが、三日後には落城し伊予方面へと落ちのびていった。これ以前に長宗我部氏は安芸郡東部の羽根・佐喜浜（高知県室戸市）・野根・甲浦（高知県安芸郡東洋町）を制圧しており、四万十川の戦いの勝利により土佐の統一が完成することとなった。

五　戦国大名の領国支配

1 国家の論理と領主層の編成

第一・四章でみた地域の覇権争いの勝者により、戦国大名領国と呼ばれる広域的支配体制が生み出されていった。戦国大名は、この領国を「国家」と呼んだ。

「分国」と「家中」

たとえば毛利隆元は、天文二十三年（一五五四）に陶氏との対決を決断した際、元就にくらべた自分の非才を認めつつも、「国家を保つべきこと、油断すべきとのことにては、努々これなく候」との意思を表明している。また島津忠良（日新）は、永禄四年（一五六一）に孫の義久に与えた教訓のなかで、「国家のために身を惜しまず、過ちをあらため、腹立ちなきに、怒り憤怒をこらえ候由、人の言の葉を恐れ、心底に任せられ候はば、すなわち天道神慮も仏法も他所に有るべからざるものなり」と述べている。

どちらも、「国家」のために全力を注ぐことが大切だと述べている。当時、「国家」という言葉は、朝廷や幕府の寺社に対する祈禱命令に「国家安全・宝祚延長」という常套句があるように、日本の国家という意味でも使われていた。しかし、ここでの「国家」はもちろんそうした意味ではなく、彼らの支配対象の意味である。また、朝廷や幕府の支配権が分けられた国を意味する「分国」という言葉があり、室町時代には守護の「分国」などとして使われていた。戦国大名も「分国」を使っているが、

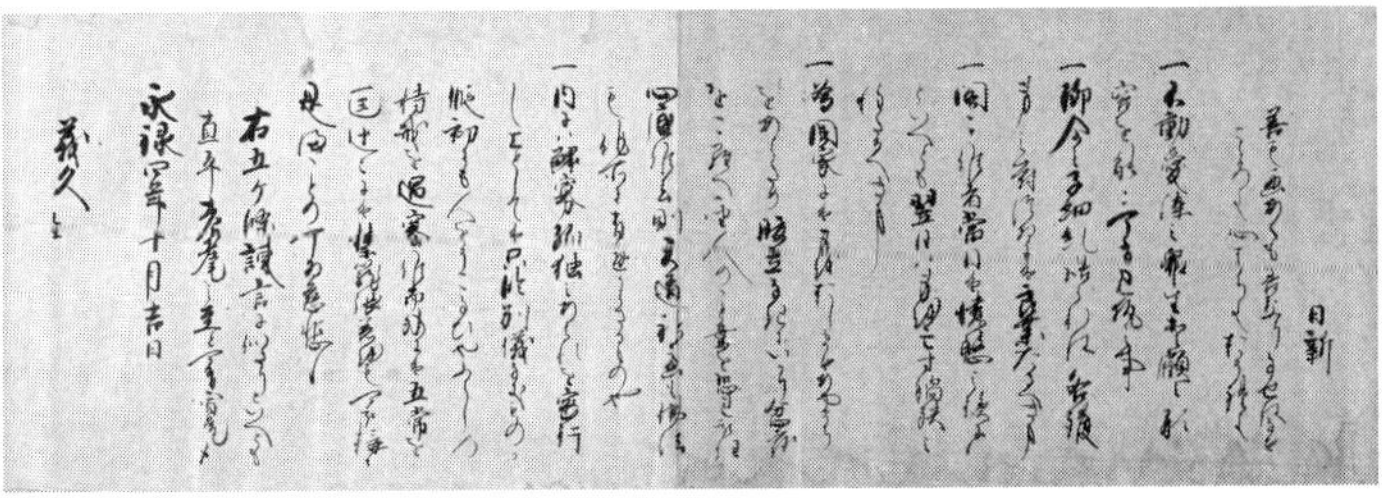

51―島津日新教訓状（東京大学史料編纂所所蔵）

その意味は違っていた。隆元は防長征服後の弘治三年（一五五七）に、「長久に家を保ち分国を治め候こと、さらに有難きことと存じ候」としつつも、元就とともに「洞・他家・分国を治め保ち候て見るべく候」との決意を表明している。この時点で、毛利氏が支配対象としているのは、安芸・備後・周防・長門の四か国だが、いずれも守護職を所持していたわけではない。自らの実力により支配下におさめた「分国」なのである。

もう一つ大切なのは、「国家」＝「分国」ではないことである。隆元の言に明らかなように、「分国」と「家」の両方を治め保つことで「国家」支配は成立する、いいかえれば、戦国大名の「国家」とは「分国」と「家」の統一体なのである。どういうことなのか説明する必要があろう。近世大名の場合は、大名家中がすべての家臣を包摂していた。ここでは、そもそも「国」と「家」は一体であり、あらためて統一する必要はなかった。ところが戦国大名の場合は、すべての家臣が大名家中に包摂されていたわけではなかった。これまで頻繁に出てきた「国衆」と呼ばれる有力国人領主は、それぞれが家中を形成し独自に所領を支配していた。防長征服後も、毛利元就が「毛利家を良かれと思うものは、他国はいうまでもなく、安芸にも一人もいない」と嘆いているように、彼らの完全な忠節を獲得していたわけではなかった。もちろん毛利氏は国衆と主従関係を結び、「他家」を治める立場にあったのだが、厳密にいえば、戦国大名権力とは戦国大名家中と国衆家中の統合体であり、戦国大名領国とはそうした戦国大名権力による支配領域だった。それだけに戦国大名にとって、中核となる自らの「家」を安泰に保つことが、「分国」の統治の安定に不可欠だったのである。「国家を保つ」には、そうした意味が込められていたと考えるべきだろう。

大名家中と国衆

こうした大名毛利氏と家中・国衆の関係を端的に表しているのが、防長征服達成後の弘治三年（一五五七）十二月二日に作成された、軍勢の狼藉と勝手な陣払いの禁止に関する二通の起請文である。一つは福原貞俊以下の毛利氏家中メンバーが提出したもので、主君が「仰せ出される趣」を守ることを誓約する形をとっている。もう一つは元就・隆元・元春・隆景が宍戸隆家・熊谷信直・平賀広相・天野隆重ら安芸国衆と、お互いに「申し合わせる条々」について、国人一揆契状でよく使われる傘連判形式で連署したものである。このように形式をみても、前者の明確な上下関係と後者の対等な関係という違いが明らかである。さらに内容をみると、禁止事項に違反した者については、前者では毛利氏が処罰することになっており、後者では処罰権は各国衆が握っていた。また、後者には特定の地域では乱暴狼藉を許すという例外規定がある。それ自体、略奪が常態化している当時の戦争の姿を伝えているが、ここでは、その地域は参加メンバーの「衆議」に

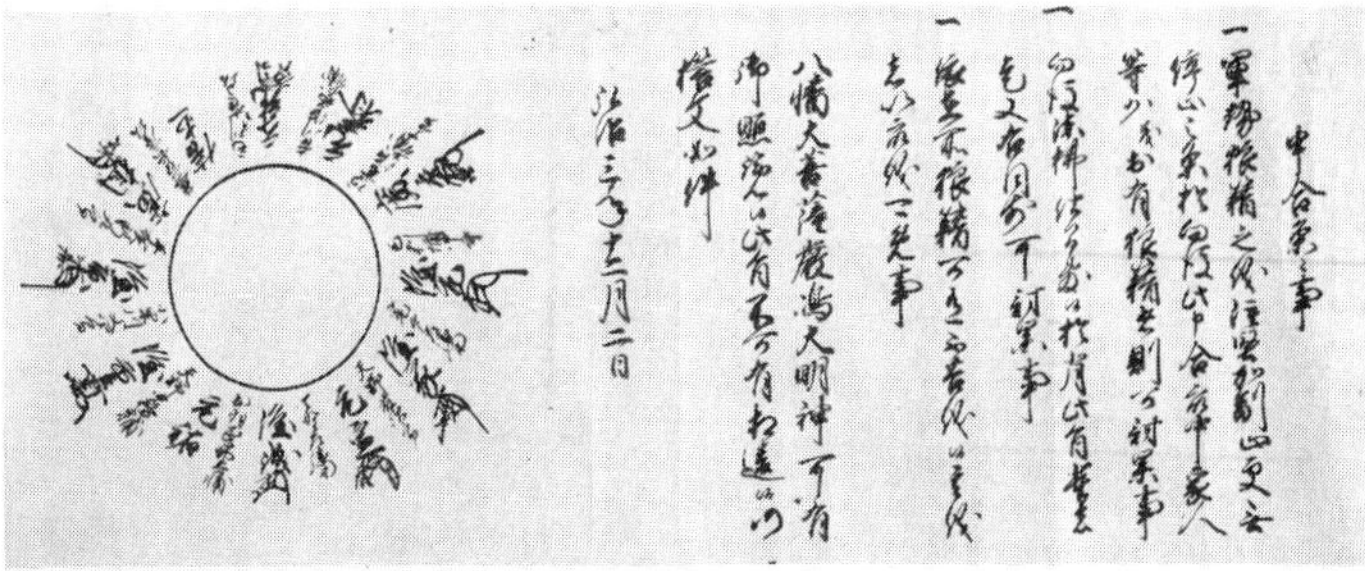

52―安芸国衆連判状（毛利博物館所蔵）

よって決めるとされているところに注目したい。毛利氏と安芸国衆の関係は、依然として一揆的性格が色濃く残っていたのである。

　毛利氏家中については、第一章第1節「元就の相続と郡山城攻防戦」でふれたように、十六世紀前半にはすでに存在していた。しかし、その歴史はそう古いものではない。全国的にみても、武家の家臣団を意味する「家中」「家風」「洞」という言葉は、十五世紀後半くらいから史料に出てくる。それは、武士団のあり方の歴史的変化を表現している。もともと武士団は、惣領（そうりょう）の家に編成された庶子（しょし）・従者（じゅうしゃ）という血縁・非血縁の集団によって成立していた。このころになると、彼らが独自の所領を持つ自立的領主となり、またほかの国人領主に属していた者が新たに家臣として入ってくる動向が強まった。こうして、有力国人領主のもとに多様な出自の領主が結集して作り出されたのが家中であり、その主人を本書では「国衆」と呼んでいるのである。したがって、成立したばかりの家中は家臣の自立性が高く、彼らは政治的・軍事的能力すなわち「器量」を基準に、主人の選定にも主体的に関わっていた。毛利氏の場合は、井上衆（いのうえしゅう）の誅伐を契機に主人権の強化を達成したが、重臣の志道広良が「君は船、臣は水にて候。船候も水なく候へば相叶わず候」と諭しているように、相互の一体的な関係は変わらなかった。

一方国衆に対しては、戦国大名はさまざまな方策を採らねばならなかった。最も一般的なのは、すでに三好・毛利・長宗我部氏などで実例を多数あげている、子息などの一族を養子として送り込むことだった。養子縁組といっても、その実は家の乗っ取りだったのではないかと思われるかもしれない。そうした面があったことは、第一章第1節「隆景・元春の小早川・吉川家相続」でも指摘しておいたが、同時に、国衆家中側からも家の存続のために要請があったこと、また、大名から養子を迎えても、国衆家中が大名家中に吸収されることはなかったことを、みておく必要がある。吉川元春と小早川隆景が毛利家を支え、「毛利両川」と呼ばれたことはよく知られているが、彼らは養家の利害にも十分に気を配っていた。そのため、毛利家当主の隆元が、彼らが領地配分で我を通すとか、養子仲間で気が合って自分をのけ者にするなどと嘆くほどだった。それだけ、当時の社会においては「家」という結びつきが強い役割を果たしていたのである。

土豪層の寄親寄子制的編成

戦国大名の家臣団編成のもう一つの特徴は、土豪・地侍などと呼ばれる上層農民を積極的に武士に取り立てたことである。第二章第1節「郷村の発達と矛盾」・「郷村内部の対立」で述べたように、彼らは郷村などの地域社会の政治的リーダーであり、名主職・作職などの土地所有権を集積して経済的実力を蓄え、独自の武力も有していた。したがって、彼らを家臣に編成することは、戦国大名にとって支配の社会的基盤を強化するうえで、必須ともいえる重要な意義を持っていたのである。土豪たちも、経済的利害や郷村の運営などをめぐる相互の対立を抱えており、戦国大名の家臣となって庇護をうけ政治的地位を上昇させようとする動きが強かった。すでにみたように、周防山代地方では本郷刀禰の神田氏や阿賀村の土豪三分一氏らが、防長征服の過程で毛利方について合戦で手柄を立てていた。さらに征服後の永禄三年（一五六〇）に行われた検地の結果を受けて、三分一氏や生見郷刀禰の船越氏らが、それまで名主職・作職を有していた土地を新たに給地として与えられ、正式に毛利氏家臣として認められた。彼らは生見郷の高森城（山口県岩国市）主となった坂元祐のもとに配属され、永禄十二年に元祐が筑前に出陣したとき、彼らの一部も従軍している。同時に、別の一部は坂氏の留守代とともに高森城に残り、折から起きた大内輝弘の山口乱入に備えて、地域防衛にあたっていた。両者の間には、一族内部での分担関係があったようである。彼らのような在地性の強い家臣は遠征に不向きであり、それを基盤とする戦国大名の軍事力は、兵農分離をとげた織豊権力の軍隊にくらべ機動性に欠けるなどという評価があるが、この事例からみて、そうした評価は当たらないといえよう。

もう一つ注目したいのは、坂元祐と彼らとの関係である。彼らは元祐の軍事指揮下に属し、手柄を立てた場合に軍忠を毛利氏に上申するのは元祐の役割だった。また、彼らが領地問題などで毛利氏に請願する場合、その訴えを取り次ぐのも元祐だった。しかし、軍事動員命令や給地の宛行は、毛利氏が直接行っている。ここからすれば、彼らは毛利氏の直臣であり、元祐とは寄親・寄子の関係だったといえる。寄親寄子制は、小規模家臣を有力家臣に統轄させる、戦国大名によくみられる権力編成方式である。これには、大量の小規模家臣を効率的に編成するとともに、統轄者となる有力家臣の彼らへの影響力を抑制する目的があり、まさに戦国大名権力特有の家臣団編成方式だったといえよう。なお、毛利氏権力においては、寄子は「一所衆」と呼ばれていたが、その意味については、地域的まとまりという見解と、寄親と一緒に行動することという見解がある。「一所衆」のうちには、地域の土豪以外の者もおり、後者の意味と考えたほうが良いと思われる。

長宗我部氏の「一領具足」と島津氏の地頭衆中制

毛利氏権力の「一所衆」に似た存在としては、長宗我部氏権力の「一領(両)具足」が有名である。「具足」とは鎧などの武具のことで、「領(両)」はその単位なので、一人分の軍役を果たす小規模家臣という意味になる。軍記物では、平時には田畑を耕して生活しているが、農作業をしている時も常に槍と鎧を田畑の傍らに置き、領主からの動員がかかったらただちに農具を捨てて応じたため、一領具足と呼ばれたとされている。たしかに具足一領分という軍役量は少ないが、戦国家法の一つ「結城氏新法度」では、五貫文の所領に対しては一人が武装・歩行で参陣、十貫文では一人が武装・乗馬で参陣と規定されているから、極端に給分が少ないわけではない。小田原北条氏の場合は田地一反の貫文高が五百文となっているから、それを適用すれば、「一両具足」が所持する田地は一～二町であり、当時の農民のなかでは上層に属すといえる。彼らは寄親の下に地域ごとに編成されていたが、土佐では激しい動乱により多くの国人領主が滅亡したため、長宗我部氏による土豪の直接掌握の比重が高く、家臣団編成の特徴となったとみられている。

もちろん、寄親寄子制的編成といっても、その内容はそれぞれの大名により異なっていた。島津氏の地頭衆中制（第一章第4節「島津貴久の大隅制覇」参照）の場合、地頭は島津氏直臣である衆中を軍事指揮するとともに、彼らの移動や所領の希望などを島津氏に取り次ぐ役割を果たしており、寄親的性格を有していた。ただし、衆中のうちには階層差があり、下層は所領規模一町未満で「無足衆」と呼ばれたが、上層には地頭の一族もいた。また、地頭とともに任地を移動する場合があるので、すべての衆中が在地に密着していたとはいえず、むしろ頻繁な移動により、土地との結びつきが弱められたとの評価もある。大友氏権力においても、有力家臣と国衆の間に「同心」という寄親寄子制的関係が結ばれていたが、後述するように国衆の自立性は強かった。とはいえ寄親寄子制が、戦国大名権力に適合的な土豪クラスの小規模家臣の編成方式だったことに違いはない。

家臣の一揆的結合

毛利氏のように国人領主出身の戦国大名は、成立当初において以前の国人領主仲間との一揆的関係を色濃く残していたことは前述の通りだが、大名が上位権力的立場を確立しても、家臣化した国衆間の一揆的関係が払拭されない場合もあった。

相良氏は、人吉（熊本県人吉市）を本拠に肥後南部の球磨郡（熊本県人吉市など）・葦北郡（熊本県水俣市など）・八代郡（熊本県八代市など）を支配した戦国大名である。相良氏は、明応二年（一四九三）から天文二十四年（一五五五）にかけて、為続から晴広まで六代にわたり「相良氏法度」と呼ばれる分国法をまとめた。その制定過程をみると、相良氏が起案した条文ももちろんあるが、家臣側から提案したものを相良氏が承認したものもあり、さらにそれを家臣側が承認して発効するという手続きがとられている。また家臣内部でも、「老者」と呼ばれるリーダーと、「衆議」と呼ばれる会議に参加する一般成員の間で、起案と同意というプロセスがあった。それだけでなく紛争の解決においても、まず「所衆談合」という家臣間の話し合いがなされ、それで決着がつかない場合に相良氏に上訴するというプロセスが採られていた。この「衆議」や「所衆談合」の主体は、三つの郡にそれぞれ存在した「郡中惣」と呼ばれる家臣団の一揆的組織であり、相良氏権力は「郡中惣」によって支えられ成立していたことがわかる。法制定が主人と家臣の合意という手続きを経て行われるのは、南近江（滋賀県南部）の「六角氏式目」でもみられるが、「相良氏法度」の場合は、家臣側の主体性がより強かったといえよう。

また、大友氏の家臣団組織に「方角衆」と呼ばれるものがある。「郡衆」とも呼ばれており、郡単位で編成された集団であると考えられる。「方角衆」は有力家臣の寄子ともなっていたが、寄親からの依頼で成員間の紛争を「方角の儀」として調停する役割も果たしていた。「方角の儀」は中世的紛争解決方式である「近所の儀」、すなわち地域社会成員による調停のことであり、相良氏領における「所衆談合」と共通する性格のものといえる。大友氏も、こうした地域社会の一揆的関係に依拠しつつ、秩序維持や権力編成を行っていたのである。

2 法と行政・裁判

法の制定

とはいえ、第二章で述べたように、この時代の地域社会ではさまざまな紛争が深刻化し、「近所の儀」のような従来の方式では、秩序維持が困難になっていたことも事実である。そこで、戦国大名などの地域公権力が新たに生まれ、「喧嘩両成敗」の原則を掲げて自力救済を禁じ、自らの裁定に服することを強制するようになるのが時代の流れだった。戦国争乱は、このような新秩序の担い手をめぐる覇権争いだった。したがって、戦国大名支配の成否の鍵は、裁判と軍事指揮にあったといえる。

まず、裁判の規範と関わる成文法の制定からみてみよう。本巻が対象とする時期に、西日本において法典として制定された分国法で現存するのは、相良氏の「相良氏法度」と三好氏の「新加制式」の二つである。「相良氏法度」は、当主の長毎が亡くなった永正十五年（一五一八）までに制定された「為続・長毎両代之御法式」二十か条と、天文二十四年（一五五五）に制定された「晴広様仰せ定められ候条々」二十一か条からなる。内容をみると、所有地の境界・用水の管理・牛馬の放牧・土地売買・下人の逃亡・取引の使用枡・撰銭など、ほかの分国法でも取りあげられている、社会的事柄に関

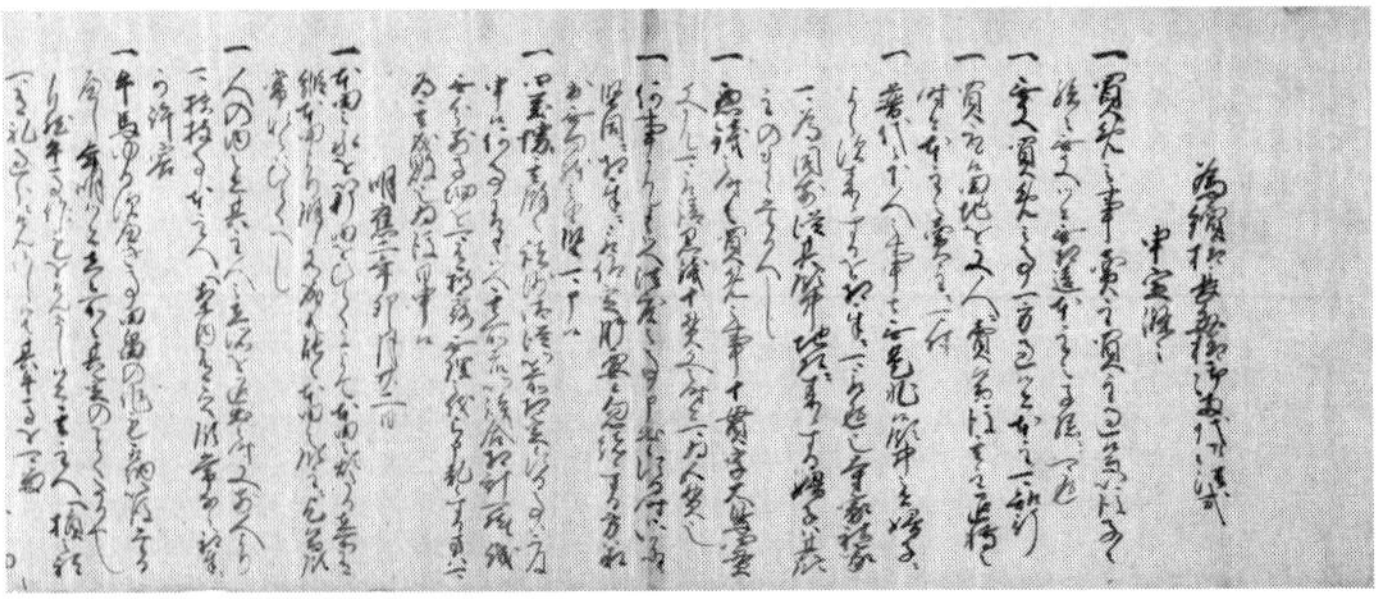

53—相良氏法度（部分、慶應義塾図書館所蔵）

する条文が多い。また、法制定や裁判の手続きに関する条文は前者に載せられ、後者ではタイトルのとおり当主が定めた個別の条文が並べられており、大名の権限が強化されている様子もうかがえる。「新加制式」は、三好長治の時代に重臣篠原長房が主導して制定されたと考えられており、その時期は永禄五年（一五六二）から元亀四年（一五七三）までの間とされる。条文は二十二か条からなり、奥羽伊達氏の「塵芥集」と同じく寺社の崇敬を命じた第一条から始まっている。これはもちろん「御成敗式目」にならったものであり、境相論や召集への不参・謀訴の処理については「式目」が参照されている。同時に、賄賂に関する規定条文では「建武式目」が参照されている。このように、伝統的武家法の継承という性格が色濃いが、名主職の売買が領主年貢の減少をもたらすといった、新しく発生した問題も取りあげている。

　毛利氏は法典を制定しなかったが、天文十九年の井上衆誅伐事件の後に家臣が提出した起請文が、それに相当すると思われる。もちろん、これは国人領主時代のもので対象も当時の家中に限定されている。しかし、藩政確立の一大契機となった慶長十年（一六〇五）の熊谷元直誅伐事件の後に、天野・阿曽沼・山内・益田氏ら安芸内外の国衆出身者も含む全家臣が提出した起請文では、「洞春様（元就）の御代、井上一門の者ども御誅伐のとき、ご家来衆言上の条数、拝見いたし候。当時（現在）の御法度と御同前の御置目と存じ奉り候」として、天文十九年の起請文の条文が並べられている。つまり、この起請文は近世長州藩の祖法的位置づけが与えられており、戦国大名時代にも常に参照すべき基本法だったと考えられるのである。そこで、その組み立てを振り返っておこう。

第一には、「御傍輩中の喧嘩の儀は、殿様の御下知裁判に違背申すべからざること」、すなわち紛争の解決は毛利家当主の裁定に従うことが誓約されている。それだけでなく、喧嘩を仕掛けられても抵抗することなく毛利氏に注進してその下知に任せる、すなわち自力救済を自制することも約束している。もう一つの柱は軍事問題で、「御弓矢について、いよいよ前々の如く各が忠節を抽ずるべきこと」を約束するとともに、手柄を立てて「御褒美あるべき所を、上様に御感なきにおいては、年寄中として申し上げらるべきこと」も確認している。この二つが、戦国大名支配の基本原理だったのである。

行政・裁判機構の構築

この起請文で毛利氏家臣は、「傍輩の間において、当座々々何たる子細候といえども、公儀においては、参相・談合など、その外御客来以下のとき、調え申すべきこと」と、強化された公権力の担い手としての仕事に努めることも約束している。実際、井上衆誅伐事件以降、これらの業務を担うべき機構が整備されていった。毛利家譜代の上層家臣で当主隆元の奉行人もつとめる赤川元保・国司元相・粟屋元親の三人と、隠居していた元就の近習で元就の奉行人もつとめる児玉就忠・桂元忠の二人により構成されていたことから、五（人）奉行制と呼ばれている。彼らは、毛利家譜代家臣や新たに服属した旧大内氏家臣に対する知行宛行に際し、検地の実施や給地の坪付（土地一筆ごとの内容を記した目録）打渡しにあたった。ただし元就の被官に対しては、元就の奉行人がほかの元就奉行人とともに独自に打渡しを行った。その後、専横が目立ったとされる赤川元保の失脚や元就の死を経て、元亀三年（一五七二）に輝元により「掟之条数」が定められ、その任務があらためて確認された。そこでは、郡山城に在城して業務にあたること、他所からの使者への応対をきちんとすること、「諸公事弁諸愁訴」すなわち訴訟や請願は、取次人を添えて話を聞き、そのうえで談合によって処理することなどが定められている。この時には五（人）奉行の子孫も含む五人の「御年寄衆」と七人の「奉行衆」がおり、さらに、その下に三人ずつ七番に編成された計二十一人の「番衆」が職務を輪番で担っており、体制が整備・強化された様子がうかがえる。

島津氏の場合は、「老中」という職が毛利氏の「御年寄衆」・「奉行衆」にあたる。「老中」には、村田・平田・川上氏ら本宗家の「老名」をつとめてきた家柄の者、伊集院・喜入・上井氏ら国衆出身の者が選ばれている。彼らも家臣への給地宛行において坪付の作成・打渡しにあたり、また衆中など家臣からの愁訴について談合のうえ裁許し、当事者が承服しない場合は、島津氏当主に上申して裁許を仰いだ。衆中からの愁訴は地頭が取り次いでいたことは前述の通りだが、地頭も直接老中に申し入れるのではなく、「奏者」という役職の者が取り次ぐことになっていた。興味深いのは、「老中」の意見がまとまらない場合、島津氏が霧島神社などに鬮をひいてもらい決定していることである。これは、神に判断を委ねたというよりも、島津氏が自らの意志を神の意思として合理化するもので、それにより家臣内部の矛盾や対立を抑止したと考えられている。

大友氏においても、「加判衆」と呼ばれる集団があり、当主の支配全般をを補佐し連署の奉書や添え状を発給していた。「加判衆」は「年寄」とも呼ばれ、一族・譜代や国人領主のうち規模の小さい家臣から選ばれた。長宗我部氏の場合は、十市氏や横山氏ら新たに服属して重臣となった者たちが、毎月六度ずつ集まって訴訟処理などにあたっていたといわれるが、領国規模が大きくなった後は、「奉行」が十日おきに月三回訴訟処理をするようになった。

地方行政機構

これらは権力中枢の行政・裁判機構であるが、その整備に対応して地方で行政・司法を担当する体制も整えられた。毛利氏は、防長征服後に旧大内氏奉行を登用し、防長の旧大内氏家臣や寺社などに対する所領安堵・宛行や、戦時に行われた半済の還補に関する訴訟の裁許を補佐させたが、のちに市川経好を防長担当の山口奉行に任命し、郡単位で置かれた郡司の統轄や、家臣・寺社の愁訴の吉田への取り次ぎなどを担当させた。郡司は大内氏支配を継承したもので、段銭・夫役の徴集、給地引き渡しなどの業務、郡内の治安維持を担当していた。

さらに郷村単位で代官が任命された。山代地域では、高森城主の坂元祐が「五ケ」の代官になっている。代官の職務としては、管轄地域の治安維持・給地打渡しなどの業務、蔵入地や不在給人の所領に対する年貢・諸役徴収などの管理があった。毛利領国拡大の過程で蔵入地や新恩給地も拡大したが、小規模に分散して設定される場合が多かったので、直接支配が難しく、現地の代官に委ねざるをえない場合が多かったのである。しかし、代官は必ずしも在地性が強くなく、地域を知悉した土豪的家臣を「散使」という職に任命し、実務を担当させた。こうした在地支配体制は、給地を増大させる有力家臣に対する規制と、土豪的家臣の活用という二つの意味で、戦国大名固有の特徴といえよう。

大友氏は、豊後などの守護を長くつとめるなか、荘園などを単位に設置されていた「政所」を自らの行政機関を転用し、荘官をつとめていた在地領主に支配を担当させた。その職務は、司法・行政・軍事・警察・徴税と多岐におよび、知行宛行における坪付・打渡状の発給も担当した。その上の職務として、「年寄」を「方分」という郡・国単位の地域支配担当者に任命し、添え状の発給など当主と国衆との取り次ぎにもあたらせた。こうした「政所支配体制」に問題が生じた場合は、個別課題に応じて「検使」を任命し、業務の補佐や監察にあたらせた。しかし前述のように、「方角衆」が存在し「方角の儀」が機能していたので、大友氏の直接支配には限界があったとされている。

3　軍事制度の整備

貫高知行制

戦国大名支配の成否を決める、もう一つの鍵である軍事指揮に関しては、まず軍役制度の整備が重要だった。武家社会は、主君と従者の間の御恩―奉公関係を基軸に成り立っていたといわれるが、それでは、どのような「御恩」に対し、どれだけの「奉公」をすればいいのかは、必ずしもはっきりしていたわけではない。というよりむしろ、謡曲「鉢木」に描かれているように、「いざ鎌倉」というときは、全財産を投げうっても主人のために奉公するのが美徳とされていた。しかし、これでは動員力が不安定にならざるをえない。そこで、軍役負担量を知行高によって決定する、それなりに客観性をもった制度が導入されるようになった。

その典型とされる小田原北条氏の貫高制軍役制度では、検地の結果に基づき、田一反＝五百文・畠一反＝百六十五文という計算で、知行地の規模が銭の貫文高で決められ、この貫文高に応じた軍役が「着到役」として義務づけられる。したがって、百姓からの年貢などの徴収も、家臣からの軍役徴収も同じ基準によって行われることになる。

西日本の場合は、このように整った制度は確認されないが、毛利氏にも貫高を基準とした軍役制度があった。井上衆誅伐事件後に家臣が提出した起請文には、「具足（武具）数之事」という条項がある。

おそらく、具足を付けて合戦に参加する人数に関する誓約だろう。実際、このあと「具足さらへ」という調査が行われ、その結果に基づいて動員人数を列記した「具足注文」が作成されている。筆頭家臣である福原貞俊の場合は、具足数は百四十両で知行高六百五十貫文に対応するものだった。一両あたり約五貫文であり、前述の「結城氏新法度」の規定とも共通している。当時の知行宛行状や打渡坪付の記載をみると、現実の知行高表示は面積・石高・貫高と多様であり、貫高は軍役賦課のための基準値として、おそらく一貫＝一石などの換算基準にしたがって、まとめられた数値と考えられる。

こうした軍役制度は、当初は毛利氏家中に対象が限定されていたが、天正期になると国衆に対しても「本役目」が規定されるようになっており、「分過」の「人数馳走」も求められた。その基準となったのは、「古給」・「新給」といった給地の知行高だった。出雲国衆多賀氏の場合は、知行高二千六百二十石七斗に対して、「百貫ニ二両宛」という基準にしたがい五十二両の軍役が課せられている。このように、国衆に対しても給地の宛行・安堵は貫高で一元化されていたわけではなく、検地をふまえず従来慣行的に認知されていた内容を踏襲した場合も多かった。貫高知行制は、軍役基準として機能していたのである。

軍法の制定

軍事指揮を成功させるためにもう一つ重要なのは、軍隊の統制がとられていることである。軍法の制定は、その重要な手段だったが、同時に、家臣たちが恩賞を求めて立てる手柄を評価する基準の明確化も重要だった。

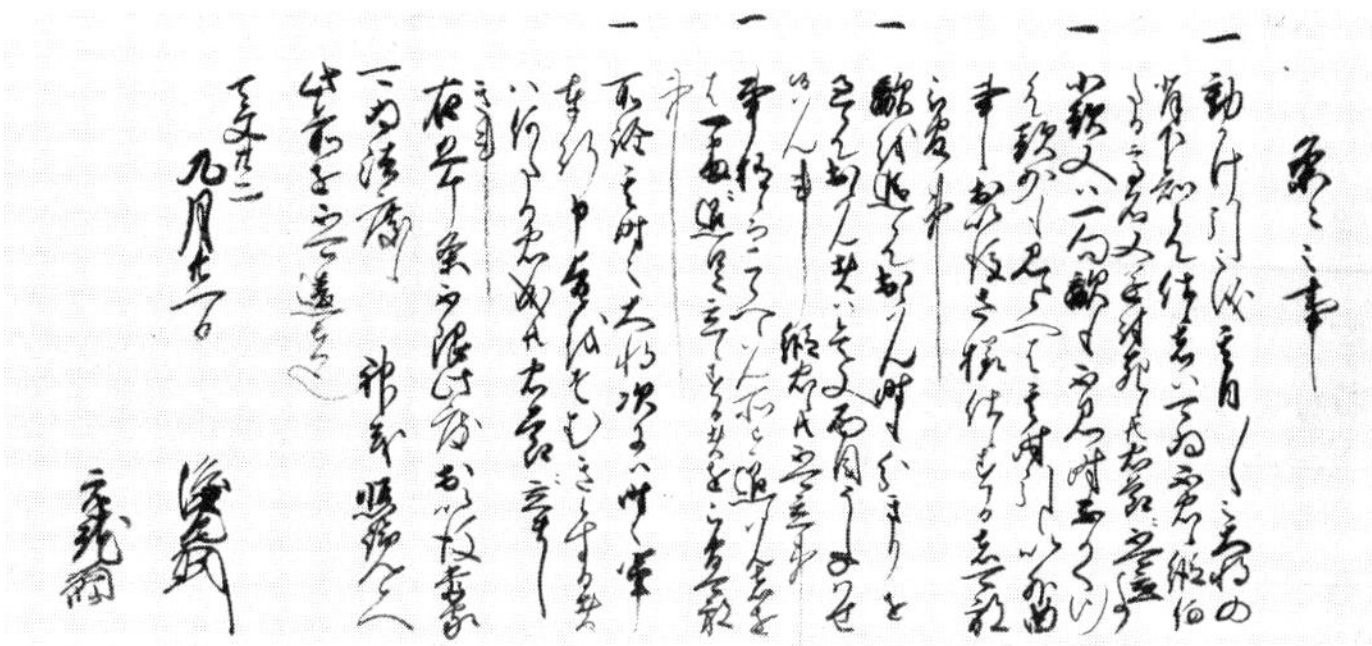

54―毛利氏軍法書（毛利博物館所蔵）

毛利氏は、大内義隆死後の備後旗返城攻略戦の最中、天文二十二年（一五五三）に、元就・隆元連名で、以下の五か条からなる軍法書を発布した。

一、その日の大将の命令に背いて、勝手に合戦の駆け引きを行うものは不忠であり、たとえどのような高名をあげまた討死をとげたとしても、忠節とは見なさない。

一、敵が小集団だったり、敵がいっこうに見えないときは深く進撃するのに、敵が少しでも見えたらすぐに退却するのはもってのほかである。以後、そのような行動をとるものは家臣を召し放つ。

一、敵を追撃するときも、深追いする者は叱責の対象とする。たとえ忠節に基づくものでも評価しない。

一、状況が悪化して支えなければならないところを、退却してしまったら、一番はじめに退却した者を家臣から召し放つものとする。

一、そのときの大将、次には軍奉行の命令に背いた者は、どのような手柄を立てても忠節とは見なさない。

みるように、家臣に求めたのは、勇気を持って戦うことももちろんだが、一番の眼目は司令官の命令に従うことだった。どの程度の効果をあげたかを測るのは難しいが、折敷畑合戦や厳島合戦での目覚ましい勝利を思うと、毛利軍の統制力強化に大きな役割を果たしたことは間違いないであろう。

支城城番制

軍事制度のなかで最後にあげておきたいのは、地域防衛のための支城城番制の整備である。毛利氏は領国の拡大とともに、各地の要衝を直轄支配し一族や譜代家臣を配置した。周防山代高森城（山口県岩国市）番の坂元祐、山口高峯城（山口市）番の市川経好、赤間関鍋城（山口県下関市）番の堀立直正、出雲富田月山城（島根県安来市）番の富田元秋・天野隆重などである。これらの城が、尼子勝久の出雲侵入や大内輝弘の周防侵入の際に、防衛拠点として重要な役割を果たしたことは、すでに述べたとおりである。

彼らは坂元祐のように、管轄地域の毛利家臣の寄親として軍事指揮にあたりつつ、代官として地域行政にもあたっていた。当然ともいえるが、この時代では軍事と行政は一体なのである。市川経好は山口奉行でもあり、「防長衆」の軍事動員業務も担当していた。富田元秋と補佐役の天野隆重も、富田月山城の防衛とともに、「雲州郡役」などの諸役賦課や、毛利氏当主への愁訴の取り次ぎと返事の伝達などにもあたっている。

しかし、毛利氏が設定した地域支配体制が、必ずしも一律に機能したわけではなかった。出雲を含む山陰地方では、伝統的にこの地域の国衆との関係が深かった吉川氏を継いだ元春が、独自の役割を果たしていた。元春は、彼らの軍事動員・指揮を担当しただけでなく、彼らの毛利氏当主への愁訴の処理も行っていた。元秋・隆重も、愁訴の取り次ぎを元春に依頼する場合があった。元春が毛利氏の中枢であり吉川氏当主でもあるという二重性が、山陰の国衆にとっての重みとなっていたのであり、そうした人格抜きには、地方支配は成り立たなかったのである。

長宗我部氏においては、東の安芸城（高知県安芸市）に入った香宗我部親泰と、西の中村城（高知県四万十市）に入った吉良親貞が、「軍代」と呼ばれ、それぞれの地域支配を担当した。彼らも、担当地域の家臣の寄親となり、軍事指揮や軍功の上申、訴訟の取り次ぎなどにあたっていた。

4　領民支配と社会の編成

検地と年貢収取

戦国大名による領民支配の基本は、百姓からの年貢・諸役（段銭・夫役・普請役など）の徴収にあり、それが領国運営を支えていた。しかし、在地領主制が原則的に否定され、軍事・行政を担当する武士と、農業に従事し年貢を負担する百姓が、身分的にも空間的にも分離された近世の大名領とは、様相が異なっていた。まず、国衆などの自立的家臣領については、百姓支配権は彼らが握っており、大名の支配は彼らを通じた間接的なものにとどまっていた。また、本章第2節「地方行政機構」で述べたように、大名の在地支配は現地の土豪的家臣に依存しており、その意味で「兵農未分離」的性格を帯びていた。

在地社会を掌握するうえで重要な役割を果たすのは、田畠等の所在地を調査し、所在地・面積・年貢量や、年貢取得者（給人）・年貢負担者（名請人）を確定する検地だった。検地に年貢や軍役の増徴という意義があったのはもちろんだが、同時に、名主職や作職などの中間得分権を増分として年貢取得権に組み込み、所持者である土豪層の身分的再編成（給人＝武士となるか、それとも名請人＝百姓にとどまるか）を進める意義もあった。長宗我部氏が、豊臣政権に服属してから全領国的検地を実施し、その結果が「長宗我部氏地検帳」として残されていることは有名だが、この時代にすでに検地を行っており、その結果である坪付も残されている。しかし一般的には、戦国大名は国衆領の壁に阻まれて、領国に対し一律に検地を実施することはできなかった。そのなかで、合戦の勝利によって獲得した征服地とりわけ旧領主が没落した闕所地は、格好の検地対象となった。毛利氏の場合、防長征服を達成した後に、この両国で次々と検地を実施している。

永禄三年（一五六〇）には、周防山代地方（山口県岩国市）で広域にわたって検地が行われた。その結果一千貫以上の蔵入地が設定されるとともに、吉川元春に百五十貫、譜代家臣粟屋元通に三十貫、国衆熊谷信直に二百五十貫などの新恩給地が与えられている。その一方で前述のように、この地の土豪三分一氏や船越氏らに対し、彼らが名主職・作職を有していた土地を新たに給地として与えた。ここで注目されるのは、三分一氏がそれまで抱えていた土地の一部二町四反余が、吉川元春に与えられていることである。その部分を元春が直接支配したとは考えがたく、管理や年貢徴収は三分一氏に委ねられ、さらに散使→代官を通じて年貢が元春に届けられていたと思われる。こうした個別土地支配レベルまで、土豪的家臣に依拠し、有力家臣の在地支配力を弱めるシステムが、検地を通じて作り出されたのである。

都市・流通支配

領民支配のために社会を編成するうえで欠かせないのは、発展する流通とその結節点である都市の掌握だった。毛利氏は、瀬戸内海・日本海水運の要港を直轄地として支配し、直臣を代官として派遣したり、現地の町人に町政を担当させたりした。一番の中心となる赤間関（山口県下関市）では、前述のように堀立直正、のちには高須元兼・井上元治が代官をつとめ、商人の佐甲氏が関役の徴収実務などを担当した。廿日市（広島県廿日市市）には、桜尾城主として桂元澄、のちには毛利元就の四男元清が派遣されている。尾道（広島県尾道市）では、泉屋・笠岡屋という商人に給地を与え町政を統轄させた。日本海側では、浜田（島根県浜田市）・温泉津（島根県大田市）・宇龍浦（島根県出雲市）・美保関（島根県松江市）などが直轄化されたが、そのうち浜田と美保関は吉川元春二男の仁保元棟が支配を担当した。

それだけでなく、流通拠点となる主要都市の掌握にも力を注いだ。元就は出雲に侵攻すると、側近の小倉元悦・井上就重を杵築の商人との折衝にあたらせ、「杵築相物親方」をつとめていた坪内孫次郎が、父次郎右衛門とともに富田城に籠城しているなか、孫次郎の弟彦兵衛を味方に取り込み、「杵築相物親方」に任命した。その後は、坪内氏庶流の石田四郎左衛門尉を重用し、ほかの新興商人とともに「杵築御蔵本」として御用商人化している。周防では、地域経済の中心だった防府宮市（山口県防府市）を重視し、役の徴収にあたる市目代を任命するとともに、「佐波郡あい物役司」・「佐波郡こうへ役」をつとめる有力商人兄部氏に商人の統轄を担当させた。兄部氏は、大内輝弘の周防乱入の際には、市目代とともに右田ヶ岳城（山口県防府市）に籠城して戦っている。山口（山口市）・長府（山口県下関市）でも同様に、目代を任命して役の徴収を行わせるとともに、業種ごとの「司職」を通じて商職人の掌握をはかった。

島津氏においては、地頭・衆中制が水陸交通統制の機能を果たしていた。陸上交通では、外城が関の役割を果たし、地頭は老中が発行する「引付」（＝通行手形）の所持をチェックするとともに、「引付」所持者に対しては夫丸の提供を行っていた。水上交通では、地頭が外城内の中小規模港に「仮屋」という施設を設置し、廻船衆や船を管理していた。

大名財政と蔵本

前項で出てきた蔵本とは、大名が徴収した蔵入地の年貢米や段銭・段米を、管理し運用する商人のことである。毛利氏の場合、収入となる段銭・段米は春と秋の二回徴収しており、秋の収穫後に収納する年貢とともに、決まった時期に大量に集まる。これに対し、支出は一年を通じて行われ、その間にタイムラグがある。ただ蔵に眠らせておいては、古米化して使用価値が劣化し価格が低下する。実際、古米化して役に立たなくならないよう、適宜新米に取り替えることが命令されてもいる。むしろ、タイムラグを利用して貸し付けなどの運用をはかったほうが合理的であり、こうした商業的機能を、専門家である彼らに担わせようとしたものと思われる。

また、重要な支出として戦費がある。戦国期の軍隊は兵粮自弁だとよくいわれるが、実際の合戦においては、大名が調達・支給することは普通だった。輝元が「弓矢の役に立ち候物は下（防長）の段銭」と述べているように、その財源として段銭は重要だったが、大規模な戦いが続けば、それだけでは不足する場合が出てくる。そうしたときには、先物の年貢米・段銭・段米を担保として、借り入れる必要も出てくる。実際大名は、蔵本などから借米を繰り返している。蔵本側からすると、大名からの借米・借金要求に応じる見返りとして、彼らの営業活動の保護や彼らが有する債権の保証が得られるというメリットがあった。

こうした蔵本的活動をしていた御用商人としては、尾道の泉屋・笠岡屋・渋谷氏、毛利氏が吉田から本拠を移した広島の平田屋などが知られる。このうち平田屋は、もともとは杵築の蔵本に編成された新興商人であり、吉川氏領の出雲平田保（島根県出雲市）の代官もつとめていた。毛利氏はこうした層を積極的に組織することで、財政基盤を強化するとともに、領国経済の掌握につとめていたのである。

六　織田権力との出会い

1　石山戦争から高松城講和へ

足利義昭の備後鞆下向

天正四年（一五七六）は、毛利氏にとって転機となる年だった。前年五月、備中の三村一族の反乱が平定され、九月には備前で浦上宗景の本拠天神山城（岡山県和気郡和気町）が宇喜多直家により陥落した。これにより、山陰・山陽での反毛利氏勢力は一掃された（第四章第3節「宇喜多直家の毛利氏帰属と三村元親の離反」参照）。ところがこの年二月、状況を激変させる事態が生まれた。室町幕府将軍の足利義昭が、側近の上野秀政・真木島昭光らとともに、備後鞆浦（広島県福山市）に上陸し小松寺に居を構えるとともに、毛利氏に対し幕府再興を助けるよう要請してきたのである。

織田信長と対立するようになった義昭は、武田信玄・朝倉義景・浅井長政らと結んで信長打倒をはかり天正元年二月に兵を挙げたが、信玄の死に続く朝倉・浅井氏の滅亡により目論見は画餅と化し、自身も立て籠もった槇島城（京都府宇治市）を落とされて信長に降伏した。義昭は京都を追放され、河内若江城（大阪府東大阪市）の三好義継を頼り、毛利氏にも信長との和解の斡旋を依頼してきた。いまだ信長との友好関係を維持していた輝元は、安国寺恵瓊に斡旋を命じたが不成立に終わり、義昭は紀伊由良（和歌山県由良町）の興国寺に落ちのびることになった。義昭は、紀伊からも諸方面に幕府再興への協力を依頼し、毛利氏には安芸下向を希望したが、誰からも相手にされず、ついに毛利氏に無断で備後鞆に下向する挙に出たのである。

　これにどう対応するか。毛利家には、「五か国・十か国を手に入れたのは幸運によるものであり、今後、子孫も天下を望んではならぬ」いう元就の遺訓があったとされており、正面から信長と雌雄を決する意思はなかった。信長は浦上宗景や尼子勝久・三村元親と裏で通じるようになっていたが、何とか全面対決は回避したい気持ちが強かった。しかし、信長との友好関係を続ければ、今度は浦上氏と敵対する宇喜多直家が離反する危険があった。毛利輝元は、対織田交渉の窓口となっていた叔父の小早川隆景の意見もふまえ、もはや信長との対決は不可避と判断し、五月に入り義昭に対し要請を受け入れる旨を伝えた。

55—足利義昭像（等持院所蔵）

　これに力を得た義昭は、薩摩島津・伊予河野・越後上杉・甲斐武田氏ら各地の大名に、書状や使者を通じて「毛利氏決起」を伝え、これに協力するよう依頼した。侵出の矛先を関東から北陸に転じていた上杉謙信は、信長との同盟関係を解消して石山本願寺・加賀一向一揆と和睦し、毛利氏と同盟して西上することを約した。

朝倉・浅井氏の滅亡後、織田信長の主敵は石山本願寺を頂点とする一向一揆だった。

毛利水軍の石山本願寺支援

室町幕府の保護を受けてきた本願寺は、三好三人衆や朝倉・浅井氏と結んで信長との抗争に参加していた。伊勢長島や近江など各地の一向一揆も蜂起し、長島では信長の弟織田信興を戦死に追い込んだ。その後、長島一揆・越前一揆が滅ぼされ、本願寺も天正三年（一五七五）年十月に講和を結んだが、義昭が備後鞆に下向し毛利氏を後ろ盾に再上洛を目指すにおよび、信長は翌天正四年四月、本願寺攻撃を再開し、兵粮攻めに出て海上封鎖を行った。

これに対し本願寺は、毛利氏に救援を要請。毛利氏は、家臣の飯田元著・大多和就重を本願寺に派遣するとともに、水軍を動員して兵粮米の搬入を敢行した。参加したのは、毛利氏直属の川内水軍、旧大内水軍、小早川水軍、因島・能島・来島の村上水軍、宇喜多水軍などであり、瀬戸内海海上勢力の基本部分を結集していた。兵粮船六百艘・警固船三百艘からなる大部隊は、七月十二日に淡路島の岩屋（兵庫県淡路市）を出港し、和泉貝塚（大阪府貝塚市）で紀伊の雑賀衆と合流、翌十三日に木津川口（大阪市大正区）で迎え撃つ織田方の警固船三百艘と激突した。毛利方は数を頼んで織田方を包囲し、火箭によって攻撃・殲滅した。これにより兵粮搬入は成功し、輝元はさっそく上杉謙信・武田勝頼らに捷報を伝えた。

勝利の要因は、何よりも瀬戸内海の制海権を確保していたことにあり、それを確実にするため、翌天正五年三月には毛利氏家臣の冷泉元満が淡路岩屋確保に派遣されている。一方織田方は、塩飽島（香川県坂出市など）を本拠とする能島村上氏傘下の塩飽衆に調略の手を伸ばし、堺への出入港を保証するかわりに味方につけようとした。これに対し毛利方は、同年七月に讃岐に進出していた阿波三好方（第四章第5節「三好氏の讃岐進出」参照）の元吉城（所在未確定）を攻略し、さらに奪回を目指す三好方讃岐国衆の攻撃を退け、西長尾城（香川県丸亀市）主長尾氏・羽床城（香川県綾歌郡綾川町）主羽床氏を降伏させて人質をとり、反三好方の香川氏に本拠天霧城（香川県善通寺市・仲多度郡多度津町）を回復させている。こうして毛利氏は、讃岐における影響力を強化することで、瀬戸内海の制海権を確保しようとしたのである。

播磨での抗争

このように瀬戸内方面で毛利方は攻勢を展開したが、織田信長は天正五年（一五七七）二月に、毛利水軍の本願寺への兵粮搬入に協力した雑賀衆を討ち、足下を固めようとしていた。一方で、毛利氏と同盟を結んだ上杉謙信は、天正四年九月に越中（富山県）を平定、十二月には能登（石川県北部）に侵攻し、翌天正五年九月に七尾城（石川県七尾市）を攻略した。さらに、七尾城救援に向かった柴田勝家率いる織田軍を、加賀手取川（石川県白山市）で破った。こうした状況をみてか、八月には大和信貴山城（奈良県生駒郡平群町）の松永久秀が信長に背き、十月に城を落とされ自害する事件も起きている。

そのなかで、毛利方と織田方の抗争の焦点となったのは、両勢力の接点である播磨だった。天正五年三月、毛利輝元は自ら播磨に出陣する旨を表明し、安芸吉田を進発した。その先鋒として宇喜多直家が播磨に侵入、赤松氏の拠る龍野城（兵庫県たつの市）攻略を目指した。毛利水軍も付近の室津（兵庫県たつの市）に集結して掩護の姿勢を示した。ところが五月に入り、織田方についた御着城（兵庫県姫路市）主の小寺政職を討つために、小早川水軍が近くの英賀（兵庫県姫路市）に上陸したところ、小寺孝隆（のちの黒田孝高）率いる小寺勢の奇襲をうけ敗退した。これにより、毛利方の播磨侵攻は頓挫し、矛先を讃岐に集中することとなった。

一方、織田信長は十月、対毛利外交を担当してきた羽柴秀吉を播磨に出陣させた。秀吉は、小寺孝隆の姫路城（兵庫県姫路市）を拠点として播磨の国衆に服属を説き、龍野城の赤松広秀や三木城（兵庫県三木市）の別所長治らが、これに応じて人質を差し出した。次いで秀吉は毛利氏と同盟を結ぶ山名祐豊（第四章第3節「尼子勝久の再侵攻」参照）の分国但馬に侵攻、山名氏重臣太田垣輝延の拠る竹田城（兵庫県朝来市）などを攻略し、出石有子山城（兵庫県豊岡市）に拠る祐豊を圧迫した。

十一月、播磨に戻った秀吉は、服属を拒んだ上月城（兵庫県佐用郡佐用町）の赤松政範、福原城（兵庫県佐用郡佐用町）の福原助就を攻めた。宇喜多直家が両城に援軍を送ったが撃退され、水を断たれ猪垣で包囲された城兵は降伏を申し入れた。しかし、秀吉はこれを許さず兵を皆殺しにし、残った婦女子も磔や串刺しで惨殺したという。秀吉は、従軍していた尼子勝久・山中幸盛ら尼子氏の残党を、中国制覇の尖兵にするべく上月城に入れた。

別所長治・荒木村重の寝返り

翌天正六年（一五七八）に入ると、毛利方の攻勢が強まった。まず二月に、別所長治が毛利方に寝返った。軍議で別所氏家臣が羽柴秀吉と対立したことがきっかけとされているが、長治の妻の兄（あるいは父）である丹波八上城（兵庫県丹波篠山市）主波多野秀治が、明智光秀の侵攻に抵抗している最中であり、これに呼応するものでもあった。

毛利輝元は、この期を逃さず播磨への侵攻を決断、三月、吉川元春・小早川隆景率いる三万五千の兵に上月城を攻撃させ、自身は備中松山城（岡山県高梁市）を本陣として指揮をとった。毛利方は大軍で城を包囲するとともに、陣地を土塁・塀・櫓などで固め秀吉の援軍に備える、長期戦の態勢をとった。城を守る尼子勢の兵力は三千程度で籠城戦を強いられ、秀吉は、織田政権と播磨国衆との取次役だった摂津有岡城（兵庫県伊丹市）主荒木村重らとともに、一万の兵を率いて救援に赴いたものの、三木城攻略が優先課題だったため本格的戦闘におよぶことができず、結局撤退せざるをえなくなった。救援の望みを絶たれ水・兵粮も欠乏するなか、七月にいたり勝久の自刃と引き替えに城兵の助命を保障することを条件に、尼子勢は開城・降伏した。山中幸盛は、投降したふりをして吉川元春と刺し違える機会をうかがったとされるが、松山城に護送される途上で殺害された。こうして、尼子氏再興の戦いはついに終焉した。同じころに但馬でも、山名氏重臣の垣屋一族で轟城（兵庫県豊岡市）に拠る垣屋豊続らが、織田方の守る宵田城（兵庫県豊岡市）を攻撃し勝利をおさめている。

さらに十月、荒木村重が足利義昭・毛利輝元の調略に乗り、毛利氏・石山本願寺と同盟することとなった。村重の寝返りの理由については、本願寺とのつながり、織田家内部での出世の限界など、さまざまに取り沙汰されているが、はっきりとはしていない。ともかく、小寺氏や野間城（兵庫県多可郡八千代町）主在田氏・志方城（兵庫県加古川市）主櫛橋氏・長水城（兵庫県宍粟市）主宇野氏らの播磨国衆も、これに同調して毛利方に与した。このように形勢が毛利方に傾くなか、輝元は十二月、村重・本願寺を救援し信長を討つべく東上を決意した。この報は甲斐の武田勝頼のもとにも届けられ、勝頼からも強く期待する旨の返事が届けられた。

毛利方の状況悪化

しかし、毛利輝元の東上は実現しなかった。毛利方にとって、状況が悪化していたのである。まず、北国から京都を攻撃すべき上杉謙信が、天正六年（一五七八）三月、脳溢血で亡くなっていた。しかも直後に、上杉景勝（謙信の甥）と上杉景虎（北条氏康の息子）という養子同士の後継争いが起こり（御館の乱）、とても上杉軍が上洛できる状況にはなかった。

足下でも、家臣の謀反が続いた。同じ三月には、山口奉行市川経好の長子元教が大友義鎮と結び、播磨出陣で手薄となった山口高峯城を奪おうとした。しかし、それを知った父経好が元教を討ち果たし、未然に防ぐことができた。元教が義鎮と結んだ理由は不明だが、毛利氏が織田方との対決に力を注がなければならないなか、それを見透かした大友方の策動が強まることは、容易に想像できるところである。翌天正七年正月には、杉重良が豊前簑島（福岡県行橋市）で反乱を起こした。重良は、陶晴賢の息子長房を討ち大内義長により殺されたとされる杉重輔（第一章第3節「山口陥落」参照）の息子であり、父の死後毛利氏から家督相続を認められ、家臣として対大友戦で活躍していた。しかも、重良の妻は毛利氏重臣福原貞俊の娘だった。ところが重良は、毛利軍東上の隙を衝いて豊前を押さえれば、祖父で豊前守護代だった杉重矩の旧領回復も容易だと判断し、大友側に寝返ったのだとされる。しかし、毛利側に通じていた高橋鑑種ら北九州の国衆によって反乱は鎮圧され、重良は自刃した。小早川隆景は、毛利家と近しい家臣の相次ぐ謀反に直面し、思わざる勢力拡大により、輝元をはじめ内部に油断が生まれているのではないかと、懸念を表明している。

また天正六年十一月には、九鬼嘉隆率いる織田水軍が、本願寺に兵粮米を搬入しようとする毛利水軍を木津川口で迎え撃ち、火箭を防ぐため鉄甲を施した、大型の新造船六隻から発する大砲により追い払った。毛利方は、何とか米の搬入には成功したものの、これ以後、大坂湾の制海権は織田方が握ることとなった。陸上でも織田方は攻勢に出て、荒木村重の与力となっていた摂津国衆の高槻城（大阪府高槻市）主高山右近、茨木城（大阪府茨木市）主中川清秀を、同時期に次々と降伏させた。このため村重の有岡城は孤立することとなった。

宇喜多直家・南条元続の離反と石山本願寺の降伏

毛利輝元の東上がずるずると引き延ばされるなか、天正七年（一五七九）六月には丹波八上城が、明智光秀による長期包囲戦のすえ陥落し、城主の波多野秀治・秀尚兄弟は安土に護送され磔とされた。また九月には、荒木村重が有岡城を脱出し、嫡子村安の守る尼崎城（兵庫県尼崎市）に移った。毛利方との連携を強めようとした措置と思われるが、まもなく有岡城は陥落し、人質となった婦女子など数百人は信長の命令でことごとく殺害され、村重の妻ら一族は京都六条河原で処刑された。村重は、なおも尼崎城と花隈城（神戸市中央区）で抗戦を続けたが、翌天正八年七月、池田恒興の軍勢に包囲され兵粮尽きて落城し、毛利水軍に助けられ安芸に逃れた。別所長治も、義兄の波多野秀治が敗れたことにより、孤立が深まっていた。毛利水軍は天正七年九月に三木城への兵粮搬入を敢行し、成功はしたものの激戦により城兵とともに大きな損害を出した。このため三木城救援は困難となる一方で、有岡城を落とした秀吉による包囲戦が本格化し、「三木の干殺し」という事態が続くこととなった。そして翌天正八年正月、ついに長治は降伏を決意し、城兵の助命と引き替えに弟・叔父とともに切腹して果てた。

こうした状況下で、毛利方国衆の間で「もはや毛利氏頼むにたらず」と離反する動きが続いた。天正七年九月には、伯耆羽衣石城（鳥取県東伯郡湯梨浜町）主の南条元続が、毛利氏から派遣されていた山田重直を襲い、織田側への転向を明確にした。それ以前の六月には、宇喜多直家が羽柴秀吉に通じ、秀吉は安土に戻って信長に直家転向の旨を伝えたが、信長は秀吉の独断を怒り認めなかった。そこで直家は、証しとして九月に入り備中高松城（岡山市）の清水宗治を攻め、以後、備中・美作で毛利方と敵対し、播磨・摂津との分断をはかった。これにより信長は、直家の服属を許し戦後の備前・美作領有を認めた。

毛利氏からの援軍の望みを絶たれた石山本願寺に対し、信長は正親町天皇を介して和平交渉を行い、関係者全員の赦免、加賀二郡（江沼郡・能美郡）の返還などを条件に、「勅命講和」という形での降伏を認めさせた。天正八年閏三月、顕如は石山本願寺を退去し、紀伊雑賀の鷺森御坊（和歌山市）に向かった。新門跡となった息子の教如は降伏を認めず、石山に拠って抵抗を続けたが、尼崎城が陥落すると観念して八月に入り降伏した。石山本願寺は、教如が退去する際放火され、ことごとく灰燼に帰した。また、加賀二郡の返還も反古にされてしまった。それ以前の五月には、但馬の山名祐豊が羽柴秀吉の弟秀長に降伏しており、畿内周辺の親毛利勢力は一掃されてしまった。

備中・美作の攻防

備中・美作方面では、毛利方と宇喜多方の抗争が続いていた。宇喜多方は、備中と美作の境に位置する四畝城（岡山県真庭市）を拠点に周辺の地下人を糾合して、南方の備中松山城や東方の祝山城（岡山県津山市）など毛利方の拠点への攻勢を強めた。特に祝山城は、美作の毛利方国衆の中心草刈氏の本拠矢筈城（岡山県津山市）に隣接し、備前・備中と因幡鳥取を結ぶ交通路上に位置していたので、毛利氏は備後国衆福田盛雅に在番させるとともに、出雲国衆湯原春綱を応援に派遣し守りを固めていた。

輝元は両城救援のため自ら出陣し、天正七年（一五七九）十二月、吉川元春とともに四畝城に総攻撃をかけ奪取に成功した。さらに毛利方はを東に進出し、高田城（岡山県真庭市）を拠点に祝山城支援を目指したが、宇喜多方も宮山城・篠茸城・寺畑城（いずれも岡山県真庭市）に拠って対峙し、両者の競り合いが続いた。そのため、備前・備中国境から美作にいたる地域は両勢力の「境目」となり、戦乱が続くなかで年貢も両者に半分ずつ支払う「半納」の村が数多く生まれた。翌天正八年九月、輝元は再び備中新見から美作まで進出したが、祝山城を救援できず、年末には福田・湯原氏も城を退去し、近くの桝形城（岡山県津山市）・小田草城（岡山県苫田郡鏡野町）に移った。

しかし、天正九年に入ると、織田方の重点が因幡鳥取城攻撃に移ったことにより、宇喜多方への支援が手薄となり、毛利方は反転攻勢を展開することとなる。天正九年六月には宇喜多方の岩屋城（岡山県津山市）・篠葺城・宮山城を次々と陥落させ、高田城から桝形・小田草城への連絡を確保した。その後主戦場は備中・備前国境に移り、九月になると備前虎倉城（岡山市北区）に拠る伊賀家久が毛利方に寝返り、続いて付近の宇喜多方の備中忍山城（岡山市北区）が陥落した。このように、山陽方面では毛利方有利の展開のなかで、高松城攻防戦を迎えることになるのである。

鳥取城の陥落

天正八年（一五八〇）五月、但馬の山名祐豊を降伏させた羽柴秀長は、そのまま山名豊国の拠る鳥取城の包囲にかかった。秀吉も播磨から因幡に入り、若桜鬼城（鳥取県八頭郡若桜町）・私部城（鳥取県八頭郡八頭町）などを攻略して鳥取城に迫った。西方の伯耆では、羽衣石城の南条元続が織田方に寝返っていたから、鳥取城はほぼ孤立状態に置かれたことになる。そこで豊国は六月に降伏したが、秀吉が姫路に引揚げ八月に入り吉川元春が羽衣石城に攻勢をかけると、山名家重臣の森下道誉・中村春続らは豊国を追放し、元春に城将の派遣を求めた。元春は天正九年三月、吉川氏一族で石見福光城（島根県大田市）主の吉川経安の嫡子経家を派遣した。

経家は決死の覚悟で首桶を持参したといわれているが、実際、孤立した鳥取城を支えるのは不可能に近かった。毛利氏は山陽方面を戦略的重点に置いており、戦力の分散を避けるため本格的支援体制をとる余裕はなかった。経家は、「毛利氏は味方を見捨てない」という姿勢を示すための犠牲、「捨て石」となる覚悟で鳥取城に入ったのである。六月に姫路を出陣した秀吉は、七月から鳥取城の包囲を本格的に展開し、兵粮等の補給路を遮断した。それだけでなく、周辺の農民を城に避難するように仕向け、若狭の商人に因幡国内の米を高値で買い占めさせるなど、「鳥取の渇殺し」といわれる徹底した兵粮攻めを行った。そのため城内の食料は枯渇し尽くし、十月下旬に経家と森下・中村らが切腹して開城するにいたった。

備中高松城の講和

これにより、毛利方と織田方の主戦場は、再び山陽方面に移った。羽柴秀吉はまず、瀬戸内海の制海権奪取をはかり、備前児島の東端に位置する小串城（岡山市南区）を本拠とする水軍高畠氏を味方に引き込んだ。毛利方は天正十年（一五八二）二月、備中猿掛城（岡山県倉敷市）主の穂田元清が児島に渡り、宇喜多勢と八浜（岡山県玉野市）で戦い直家の息子基家を討ち取ったが、小串城を攻略するにはいたらず、四月に入り秀吉が岡山に到着すると児島から撤退した。さらに同じ四月、来島水軍の村上通昌が、秀吉の調略により織田方に寝返った。能島水軍の村上武吉・元吉父子にも調略の手が伸びていたが、小早川家重臣の乃美宗勝の説得により毛利方にとどまった。そのため、伊予では能島・因島水軍や河野勢と来島水軍の間で戦闘状態が続き、瀬戸内海

56—備中高松城跡（おかやま観光コンベンション協会提供）

東部における毛利方水軍の弱体化に結果した。

こうしたなかで四月十三日、秀吉率いる織田方二～三万の軍勢による備中侵攻が開始された。毛利方は、国境に並ぶ宮路山城・冠山城・高松城・加茂城・庭瀬城（以上、岡山市北区）・日幡城・松島城（以上、岡山県倉敷市）の「境目七城」を防御ラインとした。秀吉はまず、北の宮路山城・冠山城を攻め、両城兵とも死守したものの、冠山城は四月二十五日火災により陥落し、孤立した宮路山城を守る乃美景興は、五月二日降伏のやむなきにいたった。宮路山城の北に位置する亀石城（岡山市北区）に籠っていた近隣の土豪・地下人も、同じく降伏した。同日、織田方は加茂城も攻撃し、守将の一人備中国衆生石中務少輔が内応して城内に引き入れたが、毛利氏譜代家臣桂広繁・備後国衆上山元忠は防戦につとめ、織田方を撃退した。一方、日幡城を守る備後国衆上原元将は、毛利元就の娘を娶った姻戚だったが、秀吉の調略に乗って両城陥落後寝返りを決め、のちに毛利勢の攻撃をうけて逃亡した。ここにいたり秀吉は、国境防御の中心である高松城の本格的攻略を開始し、低湿地に位置する城を近くを流れる足守川の水で浸すため、五月七日から築堤に取りかかった。築堤は数日で完了し、五月十九日には水が城の土塁を越すにいたった。

一方毛利方は、当初は秀吉単独の侵攻を楽観視していたが、冠山・宮路山城が陥落するにおよび、山陽担当の小早川隆景だけでなく、吉川元春の軍勢も救援に駆けつけ、高松城の南の岩崎山（岡山市北区）と日差山（岡山県倉敷市）に布陣した。毛利輝元も吉田から猿掛城まで出張し本陣を構えた。しかし、羽衣石城の南条氏、瀬戸内海の来島水軍、さらには北九州の大友氏などに対する備えの必要から、備中に結集できた兵は一万余にすぎず、いたずらに水かさが増すのを傍観するにとどまった。

状況は織田方に有利に展開していたが、秀吉は毛利勢が総力をあげて決戦を挑むことを恐れ、甲斐武田氏を滅ぼして凱旋した織田信長に対し、援軍の派遣を要請した。信長は、明智光秀に先鋒を命じほかの部将にも出征準備をさせ、自身は五月二十九日に安土城を出発、京都で諸軍勢の到着を待つこととした。ところが周知のように、信長は六月二日未明、光秀の謀反により本能寺で亡くなった。信長の訃報は三日に秀吉のもとに届いたが、秀吉はこれを秘し、急遽安国寺恵瓊を通じて毛利氏に講和を申し入れた。高松城主清水宗治の切腹を条件として講和は成立し、秀吉はただちに陣を撤して畿内に向かった。

毛利方が本能寺の変をいつ知ったのか、光秀と組んで秀吉を追撃すれば状況はどう変わったかなどについて、さまざまな議論が行われてきたが、客観的にみれば、毛利氏には選択の余地はなかった。兵力的には劣勢であり、水軍も弱体化しており、とても大規模な追撃戦を展開する力はなかったのである。むしろ、秀吉に貸しを作り友好関係を維持しつつ、のちの「国分」すなわち境界画定交渉において、有利な結果を導き出すことができたといえる。

2 島津氏の勢力拡大と織田権力

耳川の合戦

天正五年（一五七七）十二月に日向伊東氏の避難を受け入れた大友氏では（第四章第4節「島津氏の日向制圧」参照）、前年に義鎮から嫡男の義統が家督を継いでいた。義統は翌天正六年四月、島津氏に帰順していた県松尾城（宮崎県延岡市）主の土持親成を攻め滅ぼし、日向北部を支配下におさめた。さらに伊東氏旧臣の長倉祐政・山田宗昌らが、日向中部の石城（宮崎県児湯郡木城町）で挙兵し、島津方も七月に島津忠長ら七千の兵が石城を攻撃したが、天然の要害に阻まれて撤退せざるをえなかった。そこで島津義久は、九月に自ら野尻城（宮崎県小林市）まで出陣し一万の兵で石城を攻撃させた。長期の攻防戦のすえ、援軍の期待がないまま長倉らは城を撤退し、義久は鹿児島に戻った。同じころ田原親賢率いる大軍が豊後府内を進発、島津方の拠点高城（宮崎県児湯郡木城町）を包囲し、「国崩し」と呼ばれる大砲などを使って攻撃したが、島津方も義久の弟家久を援軍として派遣し守備を固めていたため、城は落ちなかった。

一方、隠居の身となっていた義鎮は、奈多八幡宮の宮司奈多鑑基を父とする妻や重臣たちの反対により、本国豊後では困難だったキリスト教国家の建設の夢を、大友方が勢力を伸ばした日向で実現しようと思い立たった。そのため七月に、それまで果たせていなかったキリスト教への入信を、フランシスコ・カブラルから洗礼を受けて実現し、ドン・フランシスコを名乗った。さらに、九月にカブラルや修道士をともない十字架の旗を掲げた船で隠居所のある臼杵（うすき）を出発、県の務志賀（むしか）という地で教会の建設にかかった。資材は、破却した仏教寺院の建材を使ったという。

島津方は、十一月に義久が再び鹿児島から佐土原（さどわら）まで出陣し、双方数万といわれる軍勢が高城付近を流れる小丸川（おまるがわ）を挟んで対峙した。十一月十二日に大友方が総攻撃を仕掛けたところ、島津方は十分引き込んだうえで得意の伏兵戦術で逆襲に出、算を乱した大友方は逃げ場を失い多数の兵が川で溺れ死んだ。さらに、豊後を目指して敗走する大友方の将兵は、島津方に追撃され、地下人たちも落ち武者狩りに加わったため、北方にある耳川（みみかわ）（美々津川）を渡りきれずに討ち取られた者が跡を絶たなかったという。こうして、耳川の合戦（実際には高城付近の河原で戦われたので、「高城河原の戦い」ともいう）は、大友方の壊滅的敗北に終わった。大友義鎮も合戦当日に務志賀を退去し、日向の大友方は一掃され、県の松尾城には土持氏一族の高信（たかのぶ）が入った。

57—大友義鎮画像（瑞峯院所蔵）

58―耳川合戦図屏風（部分、相国寺所蔵、承天閣美術館提供）

大友氏の衰退

天正六年（一五七八）十二月、島津義久は、備後鞆に在住する足利義昭側近の一色昭秀・真木嶋昭光に対し書状を送り、「明春、防長の実勢豊筑発向のみぎり、龍造寺と申し合い、寄々馳走すべく候」と伝えている。毛利方が北九州に攻め込んだら、龍造寺氏とともに協力して大友氏を討つというのである。大友氏は織田信長と結んで毛利氏と対抗しており、義昭は島津氏に対し毛利氏と連携して大友氏を討つように要請していたので、それに対する返事として送られたものである。

実際には、そのような事態にはいたらなかったが、耳川の合戦の結果をうけて、筑前・豊前の反大友氏勢力は攻勢に出た。直後の天正六年十二月には筑前の秋月種実が、義鎮の英彦山座主舜有の館（福岡県朝倉市）を焼き討ちした。舜有が大友義鎮の息子三位卿（親盛）を養子に迎え入れていたことへの報復だった。舜有はあらためて種実の子竹千代を養子に迎え入れ、島津氏とも接近するようになった。三年後の天正九年に、英彦山は大友氏の焼き討ちにあうが、豊臣秀吉の九州征服まで、舜有は大友氏に抵抗し続けた。大友方も、高橋鑑種離反後に宝満・岩屋城（福岡県太宰府市）主となった高橋鎮種（紹運）や、立花城（福岡県糟屋郡久山町）主の戸次鑑連（立花道雪）らが拠点を守っていたが、劣勢は免れなかった。豊前でも、香春岳城（福岡県田川郡香春町）の高橋元種ら主立った国衆は種実と結び、宇佐宮の神官たちも、大友氏社奉行奈多鑑基・鎮基の強権的支配に反発し、英彦山と同じく天正九年に大友氏の焼き討ちをうけた（第二章第3節「宇佐神宮」参照）。

大友氏本国である豊後でも、家臣の離反が続いた。大友氏一族で最も有力な田原氏本家の親宏は、義鎮が所領を奪い庶流の田原親賢に与えたのに不満を持っていたが、耳川の敗戦を機に府内を離れ本拠の国東郡安岐城（大分県国東市）に戻った。義鎮が所領の回復を認め、親賢も敗戦の責任をとり居城の妙見岳城（大分県宇佐市）に逼塞することで、和解が成立した。しかし、親宏が天正七年九月に死去すると、養子で豊前長野氏出身の田原親貫が翌年正月、鞍掛城（大分県豊後高田市）に拠って挙兵した。親賢の養子となっていた義鎮二男の親家を、親宏の跡継ぎにする密約が交わされていたことに対する反発が原因だった。さらに閏三月には、重臣の田北紹鉄が熊牟礼城（大分県由布市）で挙兵した。親賢の讒言により失脚させられそうになったため、親貫と連携して立ち上がったとされる。大友氏は義鎮・義統が自ら出陣し、田原親賢も討伐に参加して何とか鎮圧したが、大友氏の衰退は火を見るより明らかだった。

龍造寺・島津氏の筑後・肥後侵出

大友氏が衰退するなかで、北九州で勢力を伸ばしたのは龍造寺隆信だった。すでに天正三年（一五七五）ごろには肥前をほぼ支配下におさめていたが（第四章第4節「龍造寺隆信の台頭」参照）、翌年には松岡城（佐賀県鹿島市）主の有馬鎮貴（のちの晴信）を降伏させ、肥前統一を達成した。日向に進出した島津氏が、連携して大友氏と対抗することを申し入れたのをうけて、龍造寺勢は天正六年の耳川合戦の直後に筑後に乱入した。柳川城（福岡県柳川市）を本拠とする国衆蒲池鎮並は、大友方として日向に出陣し父や弟を失ったが、自らは合戦以前に柳川に帰っており龍造寺氏に帰順した。また、鷹尾城（福岡県柳川市）を本拠とする国衆田尻鑑種も大友方を離れた。これに対し大友氏は有効に対処できず、肥後の筒ヶ岳城（熊本県荒尾市）を本拠とする国衆小代親忠も龍造寺方に転向した。

南九州では島津氏が肥後への侵出をはかり、天正七年九月以降、肥後南部の球磨・芦北・八代三郡を支配する相良氏に対し、本格的攻撃を開始した。相良氏は以前より島津氏と対立関係にあったが、連携していた薩摩北部の菱刈氏や日向の伊東氏が島津氏に敗れ、大友氏も衰退することにより、状況は不利に展開していた。相良氏当主の義陽は、阿蘇氏重臣の甲斐宗運と昵懇の間柄だったといわれるが、阿蘇氏との連携も難しくなった。肥後国内で、熊本城（熊本市）主の城親賢や宇土城（熊本県宇土市）主の名和顕孝らが島津方につき、龍造寺方となった旧菊池氏重臣の永野城（熊本県山鹿市）主隈部親永らとともに、大友方に残っていた阿蘇氏と戦う事態が生まれていたのである。こうして孤立を余儀なくされた相良氏は、天正九年二月から水俣城（熊本県水俣市）を島津勢に包囲され、降伏して芦北郡を割譲することとなった。甲斐氏が大友氏を離れ龍造寺氏と結んだため、島津氏は相良義陽に宗運の拠る御船城（熊本県益城郡御船町）の攻撃を命じた。天正九年十二月、義陽は守り

59—龍造寺隆信画像（高伝寺所蔵）

に適さない響ヶ原（熊本県宇城市）に本陣を置いて、甲斐方の出城を攻めようとしたが、逆襲にあい戦死した。義陽は、相良家の存続のために、かつての盟友を裏切らざるをえなくなり、あえて討死を覚悟で出陣したといわれている。こののち相良氏は、義陽二男の忠房と叔父の頼貞の間で、「球磨郡錯乱」と呼ばれる家督相続争いが発生し、島津氏によって八代郡も奪われることとなった。

こうして、大友氏が影響力を失った筑後・肥後では、龍造寺方と島津方がしのぎを削る状況が生まれた。島津氏は、熊本城に番衆を送り込み前線を固めようとした。龍造寺隆信は天正九年、島津方に傾いた蒲池鎮並を柳川城に攻め、頑強な抗戦を受けて和睦したのちに謀殺した。こうした仕打ちは国衆たちの反発を招き、天正十年末には、鎮並の誅殺に協力した田尻鑑種が離反して島津氏に支援を要請、肥後の甲斐宗運や肥前の有馬鎮貴も島津氏と連絡を取るようになった。国衆たちも、生き残りを賭けた必死の選択を迫られていたのである。

龍造寺隆信の戦死と島津氏の九州制圧

有馬鎮貴は島津方に転じたものの、家臣のなかには龍造寺氏の隆盛を理由に抵抗する者が多かった。そこで鎮貴は、島津方の援軍を得て天正十一年（一五八三）五月、重臣安富氏の拠る深江城（長崎県南島原市）などを攻めた。それに対して龍造寺隆信は、翌天正十二年三月、自ら二万五千の大軍を率いて深江城救援に向かった。一方島津方も、これに備えるべく、家久を大将とする七千の軍を有馬に送った。龍造寺軍が島原半島の三会（長崎県島原市）に上陸し南下を開始すると、島津・有馬連合軍は近くの沖田畷で迎え撃った。兵力的に圧倒的な差があったのに加えて、装備においても龍造寺方は鉄炮千挺をそろえており、戦況は龍造寺方に有利に展開した。しかし、泥田の中の一本道（畷）という地形は大軍の行動に不利であり、龍造寺方が島津方得意の伏兵戦術で混乱したところを、島津氏家臣の川上忠堅が隆信本陣に迫り、その首を挙げた。これにより龍造寺勢は敗走を始め、戦闘は終了した。

勢いに乗った島津氏が九月から肥後制圧活動を再開すると、菊池氏旧臣同士だった赤星統家を隈府城（熊本県菊池市）から追い出した隈部親泰（親永の子）や、肥後北部有数の国衆小代氏ら、龍造寺方となっていた武将たちが服属を申し出た。島津氏は、龍造寺隆信の息子政家との和睦交渉を進め、肥後支配を認めさせるとともに事実上服従させた。一方大友氏は、龍造寺氏が弱体化した機会をとらえ、田原家を継いだ義統の弟親家を大将とする軍を筑後に派遣した。大友軍は、九月には黒木家永の拠る猫尾城（福岡県八女市）を攻略し、さらに柳川へ進出する気配をみせた。これに対し、龍造寺政家をはじめ田尻鑑種や黒木家永ら筑後の武将は島津氏に大友勢駆逐を求め、筑前の秋月・筑紫氏や豊前宇佐宮の社家たちも大友氏打倒を求めてきた。島津氏は翌天正十三年に、阿蘇氏を支えていた甲斐宗運が

60—島津義久像（長愛之作、東京藝術大学大学美術館所蔵、画像提供：東京藝術大学大学美術館 /DNPartcom）

死去したのを機に阿蘇氏攻撃を再開し、閏八月に幼少の大宮司阿蘇惟光を降伏させ、肥後制圧を完成させた。さらに筑後では、大友方の支柱だった戸次鑑連の病死をきっかけに大友軍が撤退し、山下城（福岡県八女市）に拠っていた蒲池氏一族の家恒らも島津方に降り、島津氏の九州制圧の課題は、豊後大友氏を討つことを残すのみとなった。

3　長宗我部氏の勢力拡大と織田権力

長宗我部元親の阿波・讃岐・伊予侵出

天正三年（一五七五）の四万十川の戦いの勝利で、土佐統一を完成させた長宗我部元親は、さらに四国制覇を目指した。まず取りかかったのは、阿波への侵出だった。当時の阿波は三好長治が支配の実権を握っていたが（第四章第5節「三好氏の讃岐進出」参照）、元親は明智光秀の重臣斎藤利三の姻族（幕府奉公衆石谷光政の娘で、石谷氏の養嗣子となった利三の兄弟頼辰の妻の妹）を妻に迎えており、光秀を通じて、三好氏と敵対する織田信長と誼を通じていた。元親嫡子の千雄丸（弥三郎）は元服して信親と名乗ったが、これは信長から偏諱が与えられたものとされている。そこで元親の動きは、畿内の情勢と関連しながら進むことになる。

元親は土佐に隣接する海部城（徳島県海部郡海陽町）に攻めかかり、天正五年に陥落させた。城には弟の香宗我部親泰が入り、北東の日和佐城（徳島県海部郡美波町）に拠る日和佐氏ら海部郡の国衆の服属工作にあたった。また天正四年には、土佐から阿波・讃岐・伊予に進出する際の要衝となる、吉野川中流の白地城（徳島県三好市）に拠る大西氏を味方に引き入れた。

ちょうどそのころ、三好長治が戦死するという大事件が勃発した。守護細川真之は、長治と連携して篠原長房を倒したものの、傀儡に祭り上げられていることに反発し、天正四年に守護所の置かれていた勝瑞城（徳島県板野郡藍住町）を出奔、南方の茨ヶ岡城（徳島県那賀郡那賀町）に籠もって対抗した。天正五年三月、長治が真之を攻めようと茨ヶ岡城に向かったところ、逆に一宮城（徳島市）に拠る国衆小笠原（一宮）成祐らに攻められ、自害に追い込まれたのである。そこで、叔父の一存から讃岐十河氏を継いでいた長治実弟の十河存保（三好政康）が、天正六年正月に勝瑞城に入り三好氏の家督を継承した。存保が勢力回復を目指して攻勢を示すと、白地城の大西氏も呼応して味方についた。これに対し小笠原成祐は長宗我部氏と結んで抗戦し、元親は白地城を攻略し大西氏を讃岐に追った。さらに元親は、天正七年に入り三好方となっていた重清城（徳島県美馬市）を陥落させ、岩倉城（徳島県美馬市）主である三好康長の息子式部少輔を服属させた。香宗我部親泰も天正八年に牛岐城（徳島県阿南市）主の新開実綱を降伏させ、長宗我部勢は、西と南から勝瑞城を圧迫していった。

讃岐に対しても、大西氏を通じて味方に引き入れた国衆斎藤師郷の藤目城（香川県観音寺市）が、三好方の讃岐国衆によって奪われると、天正六年に元親自身が出陣して陥落させた。すると、反三好方として孤塁を守っていた天霧城の香川信景が同盟を申し入れ、元親の二男親和を養子に迎えた。さらに、藤尾城の香西氏・羽床城の羽床氏も降伏させ、讃岐中西部は長宗我部方となった。阿波では、小笠原成祐が長宗我部方の攻勢に呼応して勝瑞城へ圧力を加え、十河存保が讃岐に退く事態も生まれたが、折しも石山本願寺の降伏により寺を退出した牢人衆が、存保に味方して勝瑞城に入り、逆に一宮城を攻撃した。これにはいったん長宗我部方となった新開実綱たちが同調したが、長宗我部勢が一宮城救援に赴いたため、三好方は勝瑞城に戻るという一進一退が続いた。

伊予で当面の侵攻対象となった南西部は、以前に一条氏が攻め込み、毛利氏の支援を受けた河野方の反撃にあって失敗した地域であり（第四章第2節「毛利軍の伊予出兵」参照）、有力な国衆である西園寺氏や宇都宮氏も、河野氏と友好関係にあった。伊予侵攻の中心となるべき中村城主の吉良親貞が天正四年に死去したため、元親は重臣の久武親信を担当者に据え、天正五年ごろから軍事活動を開始した。天正七年には、主人の宇都宮豊綱を追放して大津地蔵嶽城（愛媛県大洲市）主となっていた大野直之が長宗我部氏に通じ、親信も西園寺方の岡本城（愛媛県宇和島市）を落としたが、近くの大森城（愛媛県宇和島市）主の土居清良の反撃を受け戦死した。このように、長宗我部氏の伊予侵攻は順調には進まなかったが、その背景として、次項で述べるように織田信長との関係が悪化し、河野氏の後ろ盾となっている毛利氏との敵対を避けたいという思惑もあったと考えられる。

織田信長の路線転換と本能寺の変

前述のように、長宗我部氏と織田氏とは明智光秀を通じて連携関係にあり、天正八年（一五八〇）には香宗我部親泰が安土を訪問し、岩倉城の三好式部少輔を服属させたことを報告している。式部少輔の父康長は、天正二年の本願寺再決起とともに河内高屋城（大阪府羽曳野市）に拠り、三好一族のなかで一番最後まで織田信長との抗争を続けていた。しかし、翌年織田方の攻撃をうけて降伏、以後は羽柴秀吉の甥孫七郎（秀次）を養子に迎え、本願寺との和睦交渉などに従事するようになっていた。それで長宗我部元親は、信長にも了承を求めたのだと思われる。

　しかし、中国方面担当の秀吉は、康長を通じて淡路の安宅氏を味方に引き込むなど、毛利氏との対決に向けて三好氏との連携をはかっていた。そうなると、長宗我部氏の立場は難しくなる。毛利氏は、対織田戦における制海権確保のため、讃岐の反三好方の中心香川氏への支援など、東瀬戸内海地域への影響力を強化しており（本章第1節「毛利水軍の石山本願寺支援」参照）、長宗我部氏も三好方と戦うために、毛利氏との友好的関係を維持する必要があった。

　実際、長宗我部氏と織田・三好氏の関係は、天正九年に入り大きく転換した。三月には、康長が讃岐から阿波に入り、息子の式部少輔を三好方に寝返らせた。六月に入ると、信長は香宗我部親泰に対して朱印状を発給し、式部少輔が織田方についたことを伝え、協力して阿波で馳走するよう命じた。親泰が応じるはずはなく、これは信長による事実上の長宗我部氏への敵対宣言だった。天正十年二月には、康長が四国制覇の先鋒として阿波に出陣し勝瑞城に入っており、このころには十河存保も織田方についていたと思われる。さっそく康長は一宮城・夷山城（徳島市）を落とし、小笠原成祐らを三好方に復帰させた。さらに五月、信長は讃岐を三男の織田信孝に、阿波を康長に与える旨を明らかにし、信孝を四国攻撃の司令官に任命して出陣の準備を調えさせた。このように、長宗我部氏は三好氏だけでなく織田氏とも敵対することになり、元親は阿波・讃岐を失うどころか、家の存続も脅かされる事態に見舞われたのである。

ところが六月二日、光秀の軍勢が京都本能寺を襲い、信長を殺害してしまった。織田氏の対長宗我部氏関係の変化が、取次役だった明智光秀の立場を悪くし、それが謀反を起こす一因となったと考えられるようになっている。ともかく、信長の死によりすべては白紙に戻された。信孝は四国出陣を中止して反撃準備に入り、康長は勝瑞城を離脱して河内に撤退した。元親は、様子見を兼ねていったん土佐に引揚げるが、八月に再度勝瑞城の攻撃に向かい、城付近の中富河原で十河存保の軍勢と合戦におよび、多勢にものをいわせて壊滅的打撃を与えた。敗れた存保は勝瑞城に撤退、折から発生した吉野川の洪水により長宗我部勢の攻撃を免れていたが、水が引くとともに包囲攻撃が強まったため、城を明け渡し讃岐虎丸城（香川県東かがわ市）へ落ちのびた。康長に内応した牛岐城の新開実綱や一宮城の小笠原成祐は謀殺され、細川真之は自害した。こうして、阿波で三好方に残るのは、土佐泊城（徳島県鳴門市）の森村春のみとなった。讃岐でも六月に、西讃岐・東伊予の長宗我部方が、三好方の聖

（ご注意）

・この用紙は、機械で処理しますので、金額を記入する際は、枠内にはっきりと記入してください。また、本票を汚したり、折り曲げたりしないでください。

・この用紙は、ゆうちょ銀行又は郵便局の払込機能付きＡＴＭでもご利用いただけます。

・この払込書を、ゆうちょ銀行又は郵便局の渉外員にお預けになるときは、引換えに預り証を必ずお受け取りください。

・ご依頼人様からご提出いただきました払込書に記載されたおところ、おなまえ等は、加入者様に通知されます。

・この受領証は、払込みの証拠となるものですから大切に保管してください。

収入印紙
課税相当額以上
貼　　付

印

この用紙で「本郷」年間購読のお申し込みができます。

◆この申込票に必要事項をご記入の上、記載金額を添えて郵便局でお払込み下さい。

◆「本郷」のご送金は、４年分までとさせて頂きます。

※お客様のご都合で解約される場合は、ご返金いたしかねます。ご了承下さい。

この用紙で書籍のご注文ができます。

◆この申込票の通信欄にご注文の書籍をご記入の上、書籍代金（本体価格＋消費税）に荷造送料を加えた金額をお払込み下さい。

◆荷造送料は、ご注文１回の配送につき500円です。

◆入金確認まで約７日かかります。ご諒承下さい。

振替払込料は弊社が負担いたしますから無料です。

※領収証は改めてお送りいたしませんので、予めご諒承下さい。

お問い合わせ　〒113-0033・東京都文京区本郷７－２－８
吉川弘文館　営業部
電話03-3813-9151　FAX03-3812-3544

この場所には、何も記載しないでください。

払込取扱票

通常払込料金加入者負担

02	東京

口座記号番号	00100-5-244
加入者名	株式会社 吉川弘文館
金額	千 百 十 万 千 百 十 円 ※
料金	
備考	

各票の※印欄は、ご依頼人において記載してください。

ご依頼人・通信欄

フリガナ	
※お名前	
郵便番号	電話
※ご住所	
※	

◆「本郷」購読を希望します

購読開始　　号より

1年 1000円（6冊）　3年 2800円（18冊）
2年 2000円（12冊）　4年 3600円（24冊）
（ご希望の購読期間に○印をお付け下さい）

日附印

裏面の注意事項をお読みください。（ゆうちょ銀行）（承認番号東第53889号）

これより下部には何も記入しないでください。

切り取らないでお出しください。

記載事項を訂正した場合は、その箇所に訂正印を押してください。

振替払込請求書兼受領証

口座記号番号	00100-5-244（通常払込料金加入者負担）
加入者名	株式会社 吉川弘文館
金額	千 百 十 万 千 百 十 円 ※
ご依頼人	おなまえ ※　　様
料金	日附印
備考	

この受領証は、大切に保管してください。

吉川弘文館

新刊ご案内　2020年6月

〒113-0033・東京都文京区本郷7丁目2番8号　振替 00100-5-244（表示価格は税別です）
電話 03-3813-9151（代表）　ＦＡＸ 03-3812-3544　http://www.yoshikawa-k.co.jp/

古代史はおもしろい！　古代史が好きになる！

研究史、最新の見解、読むべき参考文献など、どこから、何を勉強すればよいかがわかる！

テーマで学ぶ日本古代史　全2冊

佐藤　信監修・新古代史の会編

A5判／各一九〇〇円

政治・外交編

二三二頁

古代王権の成立と展開、律令制のしくみ、天皇制や貴族の登場、遣唐使など、政治や外交に関わる主要なテーマを、研究の蓄積や最新の成果にふれながらわかりやすく解説する。

社会・史料編

二七〇頁

戸籍や土地制度、宗教や文化、「記紀」をはじめとする古代の史料などについて、研究の蓄積や最新の成果にふれつつ項目別にわかりやすく解説。近年注目の交通史や災害史、女性史も取りあげる。

永青文庫の古文書　光秀・葡萄酒・熊本城

公益財団法人永青文庫・熊本大学永青文庫研究センター編

熊本藩細川家に伝わる六万点近くの歴史資料。幽斎・明智光秀・ガラシャをめぐる人間模様、忠利の所望した国産葡萄酒、江戸初期の震災と熊本城の修復、歴代当主の甲冑のゆくえなどを取り上げ、細川家の歴史の深奥に迫る。

【永青文庫設立70周年記念出版】

四六判・二四四頁／一八〇〇円

天下は戦国！

一六〇年間の日本列島を見渡し、
激動する戦国社会の全貌を克明に描く！

『内容案内』送呈

列島の戦国史

全9巻 刊行開始

列島に争乱が渦巻く群雄割拠の戦国時代。享徳の乱、応仁・文明の乱から大坂の陣までの約一六〇年をたどり、蝦夷地・東北から九州まで各地の動きを捉え、その全体像を描く。室町幕府・織豊政権の政治動向、各地の大名・国衆（戦国領主）の思惑と合戦の推移、領国の統治を詳しく解説。経済・文化・外交的側面も視野に入れ、社会変動期であった戦国の特質に迫る。

〈企画編集委員〉
池 享・久保健一郎

四六判・平均二六〇頁
各二五〇〇円

●第1回配本

1 享徳の乱と戦国時代

久保健一郎著

十五世紀後半、上杉方と古河公方が抗争した享徳の乱に始まり、東日本の地域社会は戦国の世へ突入する。室町幕府の東国対策、伊勢宗瑞の伊豆侵入、都市と村落の様相、文人の旅などを描き、戦国時代の開幕を見とおす。

＊十五世紀後半／東日本

続刊書目

3 大内氏の興亡と西日本社会
長谷川博史著　＊7月発売　＊十六世紀前半／西日本
十六世紀前半、東アジア海域と京都を結ぶ山口を基盤に富を築き、列島に多大な影響を与えた大内氏。大友・尼子氏らとの戦い、毛利氏の台頭などを描き出し、分裂から統合へ向かう西日本を周辺海域の中に位置づける。

2 応仁・文明の乱と明応の政変
大薮　海著　＊十五世紀後半／中央・西日本

4 室町幕府分裂と畿内近国の胎動
天野忠幸著　＊8月発売　＊十六世紀前半／中央

5 東日本の動乱と戦国大名の発展
丸島和洋著　＊十六世紀前半／東日本

6 毛利領国の拡大と尼子・大友氏
池　享著　＊十六世紀後半／西日本

7 東日本の統合と織豊政権
竹井英文著　＊十六世紀後半／東日本

8 織田政権の登場と戦国社会
平井上総著　＊十六世紀後半／全国

9 天下人の誕生と戦国の終焉
光成準治著　＊十七世紀初頭／全国

本シリーズの特色

◆4つの時期区分（十五世紀後半・十六世紀前半・十六世紀後半・十七世紀初頭）と3つの地域区分（東日本・中央・西日本）を重ねあわせ、戦国時代の全体像を捉える全9巻の編成

◆蝦夷地から南九州まで日本列島各地に目を向け、中央の政治の動きと地域ごとの権力との相互関係を重視しながら、各巻を担当する最適な執筆者が時代の流れをわかりやすく説明

◆政治・合戦の流れだけでなく、領国の統治政策、流通と経済、都市と農村のようす、文芸・美術の発展など、社会のさまざまな側面もていねいに解説

◆北方のアイヌとの交易、琉球など東アジア諸国との交流、ヨーロッパの文物の舶来など列島の外側にも視野を広げ、その影響を考える

◆本文の理解を助ける図版を多数掲載。巻末には便利な略年表と主な氏族の系図を収める

歴史文化ライブラリー

通巻500冊達成　●20年3月〜5月発売の5冊

四六判・平均二二〇頁

人類誕生から現代まで／忘れられた歴史の発掘／常識への挑戦／学問の成果を誰にもわかりやすく／ハンディな造本と読みやすい活字／個性あふれる装幀

497 中世の富と権力　寄進する人びと

湯浅治久著

他者にものを譲渡する「寄進」は、中世においていかなる役割を果たしていたのか。在地領主や有徳人、宗教団体などを対象に、その実態に迫る。寄進によって生み出される新たな富、そして組織や権力のあり方をさぐる。

二二四頁／一七〇〇円

498 石に刻まれた江戸時代　無縁・遊女・北前船

関根達人著

江戸時代に作られた多種多様な石造物には、いかなるメッセージが込められたのか。供養塔や災害碑に光を当て解読。人々の祈りや願い、神社への奉納石から海運史、石工の姿を描き、近世の自然や社会環境の実態に迫る。

二八六頁／一八〇〇円

499 香道の文化史

本間洋子著

香道（こうどう）は中世日本で花開いた。香木の香りを鑑賞し、違いを聞き分けて楽しむ芸道の源流を探り、香文化の発展に深く関わった人々の姿を浮き彫りにする。また、香木は贈答品として使用され、政治的役割を担った側面も描く。

二四〇頁／一七〇〇円

500
首都改造
東京の再開発と都市政治

源川真希著

一九六四年東京オリンピック後の都市再開発から、副都心開発、バブルとその崩壊、二〇二〇年オリンピックに向けた再開発まで—。政府・都知事の都市構想やディベロッパーとの連携から東京の変貌を浮き彫りにする。

二二四頁／一七〇〇円

501
沖縄米軍基地全史

野添文彬著

沖縄に米軍基地が集中し、維持されてきたのはなぜか。沖縄戦から現在に至るまでの通史から、米国・日本・沖縄社会が基地をいかに位置付けてきたかを検討。普天間基地移設など、いまだ課題を多く残す問題の淵源に迫る。

二三八頁／一七〇〇円

【好評既刊】

490 **明智光秀の生涯** 〈3刷〉
諏訪勝則著　二五六頁／一八〇〇円

491 **神仏と中世人** 宗教をめぐるホンネとタテマエ
衣川　仁著　二二四頁／一七〇〇円

492 **戦国大名毛利家の英才教育** 元就・隆元・輝元と妻たち
五條小枝子著　二四〇頁／一七〇〇円

493 **大地の古代史** 土地の生命力を信じた人びと
三谷芳幸著　二二〇頁／一七〇〇円

494 **鎌倉浄土教の先駆者　法然**
中井真孝著　二二四頁／一七〇〇円

495 **敗者たちの中世争乱** 年号から読み解く
関　幸彦著　二五六頁／一八〇〇円

496 **松岡洋右と日米開戦** 大衆政治家の功と罪
服部　聡著　二四〇頁／一七〇〇円

歴史文化ライブラリー **オンデマンド版** 販売中
詳しくは『出版図書目録』または小社ホームページをご覧下さい。

史実に基づく正確な伝記シリーズ

人物叢書

日本歴史学会編集　四六判

清和天皇（通巻304）

神谷正昌著　二四〇頁／二〇〇〇円

平安前期、九歳で即位した天皇。外祖父の藤原良房が応天門の変の際摂政となり、摂関政治が始まった。在位中に貞観格式などの編纂が進められ、譲位後は出家し諸寺を巡礼した。清和源氏の祖先でも知られるその生涯に迫る。

鶴屋南北（通巻305）

古井戸秀夫著　二八〇頁／二二〇〇円

文化文政期の江戸歌舞伎を支えた狂言作者。江戸で生まれ、五七歳で四世を襲名。尾上松助や松本幸四郎らの当り作を生み出し、『東海道四谷怪談』など百数十種の台本を著す。人を笑わせることを好んだ「大南北」の生涯。

【好評既刊】

徳川家康（300）　藤井讓治著　二四〇〇円

ルイス・フロイス（301）　五野井隆史著　二三〇〇円

二条良基（302）　小川剛生著　二四〇〇円

徳川秀忠（303）　山本博文著　二二〇〇円

人とことば　別冊　日本歴史学会編　二一〇〇円

※（　）は通巻番号

読みなおす日本史

毎月１冊ずつ刊行中　四六判

卑弥呼の時代

吉田　晶著　二三八頁／二二〇〇円（解説＝小笠原好彦）

邪馬台国が誕生した三世紀。「倭人伝」はじめわずかな文献や考古学の成果により、政治・習俗や社会・組織・生産を詳細に解き明かす。日本最初の国家の成立と全体像を、東アジアの躍動に位置づけてダイナミックに描く。

日本の宗教　日本史・倫理社会の理解に

村上重良著　一九八頁／二二〇〇円（解説＝島薗　進）

古来、日本では四〇〇を越える多彩な宗教が展開し豊かな文化を形成してきた。原始信仰から仏教、神社神道、儒教、キリスト教、近代の新宗教まで、個々の宗教の成り立ちと教えを解説。歴史の歩みと現在の状況を考える。

皇紀・万博・オリンピック　皇室ブランドと経済発展

古川隆久著　二五六頁／二二〇〇円（補論＝古川隆久）

西暦一九四〇年、天皇即位から二六〇〇年たったとして、政府は橿原神宮の整備、万国博覧会開催、オリンピック招致などを計画した。国威発揚と経済発展を目指した計画の実行過程を検証し、戦後に残る遺産や影響も考える。

摂関政治最盛期の「賢人右府」
藤原実資が綴った日記を待望の現代語訳化！

『内容案内』送呈

現代語訳 小右記 全16巻

四六判・平均二八〇頁／半年に1冊ずつ配本中

倉本一宏編

⑩大臣闕員騒動 【第10回】 三〇〇〇円

寛仁三年（一〇一九）四月～寛仁四年（一〇二〇）閏十二月

無能な左大臣顕光が辞任するという噂が駆けめぐる。代わって大臣の地位を得るのは、これも無能な道綱ではなく自分であると確信する実資は、情報収集に全力を傾ける。刀伊の入寇をさておいての騒動であった。 三三六頁

好評既刊

①三代の蔵人頭 二八〇〇円
②道長政権の成立 二八〇〇円
③長徳の変 二八〇〇円
④敦成親王誕生 二八〇〇円
⑤紫式部との交流 二八〇〇円
⑥三条天皇の信任 三〇〇〇円
⑦後一条天皇即位 三〇〇〇円
⑧摂政頼通 三〇〇〇円
⑨「この世をば」 二八〇〇円

ユネスコの世界文化遺産に登録された
平泉の魅力に迫る！

平泉の文化史

全3巻刊行中！

菅野成寛監修

B5判・本文平均一八〇頁
原色口絵八頁／『内容案内』送呈
各二六〇〇円

①平泉を掘る 寺院庭園・柳之御所・平泉遺跡群

及川 司編

本文一九二頁（第1回配本）

遺跡から掘り出された、中世の平泉。奥州藤原氏歴代の居館・柳之御所遺跡、毛越寺に代表される平安時代寺院庭園群、平泉の仏教文化に先行する国見山廃寺跡などの発掘調査成果から、中世平泉の社会を明らかにする。

【続刊】

②平泉の仏教史 歴史・仏教・建築 （6月発売）
菅野成寛編
ここまで分かった平泉藤原氏の仏教文化。

③中尊寺の仏教美術 彫刻・絵画・工芸 （9月発売予定）
浅井和春・長岡龍作編

官僚制の思想史 近現代日本社会の断面

中野目　徹編

日本社会を形作った一つの編成原理、官僚制。その職務に従事する官吏の意識や専門知、官界内外で議論された彼らの行動規範を追究し、官僚制の思想的側面に迫る。官僚をめぐる問題が連日取り上げられる今こそ注目の書。A５判・三三四頁／四五〇〇円

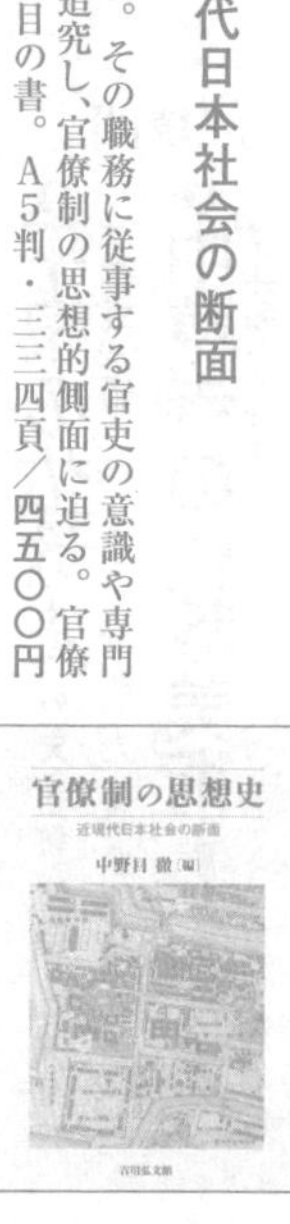

中近世の地域と村落・寺社

深谷幸治著　A５判・三五二頁／一〇〇〇〇円

中近世移行期の地域社会を、琵琶湖周辺や摂河泉の村々に残された古文書と景観から分析。地域寺社が宗教面だけでなく、領主と村落の仲介や隣村との争論に影響力を行使した実態に迫り、近世へ続く村落の体制をも解明する。

肥前名護屋城の研究 中近世移行期の築城技法

宮武正登著　B５判・二八八頁／一二〇〇〇円

大陸侵攻の前線基地として豊臣秀吉が築いた肥前名護屋城。長年の発掘調査の成果と文献資料から総合的に分析。秀吉直営の陣城として唯一残る城塞群遺跡の全貌を解明し、中世以降の「陣」や石垣の変遷史を初めて描く。

近世武家社会の形成と展開

兼平賢治著　A５判・三八四頁／九五〇〇円

江戸幕府の支配体制が整っていく一七世紀、武家社会はいかに転換したのか。盛岡藩はじめ東北諸藩の藩政を題材に、殉死禁止令やお家騒動、大名の離婚や馬の売買などを分析。武家社会の形成過程と到達点を解き明かす。

近世最上川水運と西廻航路 幕藩領における廻米輸送の研究

横山昭男著　A５判・三三四頁／一〇〇〇〇円

西廻り航路の要衝酒田港は、内陸の村山郡から最上川の舟運で運ばれる米などの物資の集積地として栄えた。幕領の廻米機構の変化や農民負担、藩領の舟運の変化と本間・鈴木家ら豪商との関わりを、流通史から解明する。

皇室制度史料 儀制 践祚・即位一

宮内庁書陵部編纂（財団法人菊葉文化協会・発行／吉川弘文館・発売）A５判・三八四頁／一一五〇〇円

日本考古学 第50号

日本考古学協会編集――A４判・九〇頁／四〇〇〇円

鎌倉遺文研究 第45号

鎌倉遺文研究会編集――A５判・八〇頁／二〇〇〇円

戦国史研究 第79号

戦国史研究会編集――A５判・五二頁／六八二円

読者の皆さまからのリクエストをもとに復刊。好評発売中

11出版社共同復刊

書物復権 2020

唐王朝と古代日本

榎本淳一著

唐代朝貢体制を基軸に日唐外交を捉え直し、文化流入の実態を考察。

A5判・三〇四頁／一〇〇〇〇円

中世武家の作法（日本歴史叢書）

二木謙一著

室町期の武家故実を通して中世武士の姿や動作、人生儀礼を甦らせる。

四六判・二八六頁／三〇〇〇円

荘　園（日本歴史叢書）

永原慶二著

中世史研究の泰斗が、荘園の全史を大胆かつ平易に描いた決定版！

四六判・三六二頁／三〇〇〇円

近代日本社会と公娼制度 民衆史と国際関係史の視点から

小野沢あかね著

慰安婦問題の歴史的前提にも言及し、公娼制度の実態を解き明かす。

A5判・三三六頁／九〇〇〇円

明治版画史

岩切信一郎著

板日本版、銅版・石版など、多種多様な〝版〟の変遷をたどり実態を解明。

A5判・四〇〇頁／六〇〇〇円

日本人は、何を、何のために、どのように食べてきたか？

日本の食文化 全6巻

小川直之・関沢まゆみ・藤井弘章・石垣　悟編

食材、調理法、食事の作法や歳事・儀礼など多彩な視点から、これまでの、そしてこれからの日本の〝食〟を考える。『内容案内』送呈

四六判・平均二五六頁／各二七〇〇円

1 食事と作法 小川直之編

人間関係や社会のあり方と密接に結びついた「食」を探る。

2 米と餅 関沢まゆみ編

腹を満たすかて飯とハレの日のご馳走。特別な力をもつ米の食に迫る。

3 麦・雑穀と芋 小川直之編

穀物や芋を混ぜた飯、粉ものへの加工。米だけでない様々な主食を探る。

4 魚と肉 藤井弘章編

沿海と内陸での違い、滋養食や供物。魚食・肉食の千差万別を知る。

5 酒と調味料、保存食 石垣　悟編

乾燥に発酵、保存の知恵が生んだ食。「日本の味」の成り立ちとは。

6 菓子と果物 関沢まゆみ編

味覚を喜ばせる魅力的な嗜好品であった甘味の歴史と文化。

文字は何を語るのか？ 今に生きつづける列島の古代文化

新しい古代史へ 全3巻 完結！

平川 南著　各二五〇〇円

古代の人びとはそれぞれの地域でいかに生きていたのか。さまざまな文字資料からその実像に迫る。新発見のトピックを織り交ぜ、古代の東国、特に甲斐国を舞台に分かりやすく解説。地域から古代を考える新しい試み。

A５判　平均二五〇頁　オールカラー　『内容案内』送呈

1 地域に生きる人びと 甲斐国と古代国家

2 文字文化のひろがり 東国・甲斐からよむ

3 交通・情報となりわい 甲斐がつないだ道と馬

日本の古墳はなぜ巨大なのか 古代モニュメントの比較考古学

国立歴史民俗博物館・松木武彦・福永伸哉・佐々木憲一編　三八〇〇円

古代日本に造られた古墳の大きさや形は社会のしくみをいかに反映するのか。世界のモニュメントと比較し、謎に迫る。古代の建造物が現代まで持ち続ける意味を問い、過去から未来へと伝える試み。　A５判・二八〇頁

卑弥呼と女性首長（新装版）

清家 章著　四六判・二五六頁／二二〇〇円

邪馬台国の女王卑弥呼と後継の台与。なぜこの時期に女王が集中したのか。考古学・女性史・文献史・人類学を駆使し、弥生～古墳時代の女性の役割と地位を解明。卑弥呼が擁立された背景と要因に迫った名著を新装復刊。

「王」と呼ばれた皇族 古代・中世皇統の末流

日本史史料研究会監修・赤坂恒明著　四六判／二八〇〇円

日本の皇族の一員でありながら、これまで十分に知られることのなかった「王」。興世王、以仁王、忠成王など有名・無名の「王」たちを、逸話も交えて紹介。皇族の周縁部から皇室制度史の全体像に初めて迫る。　二八六頁

鎌倉時代論

五味文彦著　四六判・四四八頁／三二〇〇円

鎌倉時代とは何だったのか。中世史研究を牽引してきた著者が、京と鎌倉、二つの王権から見た鎌倉時代の通史を平易に叙述。さらに、著者の貴重な初期の論文など六編も収める。『吾妻鏡の方法』に続く、待望の姉妹編。

藤原俊成　中世和歌の先導者

久保田　淳著

四六判・五一二頁／三八〇〇円

新古今時代の代表的歌人。多くの歌合の判者を務め、後白河法皇の信頼を受け千載和歌集を撰進する。古来風躰抄を執筆、後継者定家を育て、歌の家冷泉家の基礎を築く。歴史の転換期を生き抜いた九十一年の生涯を辿る。

高山寺の美術　明恵上人と鳥獣戯画ゆかりの寺

高山寺監修・土屋貴裕編

A5判・二〇八頁／二五〇〇円

稀代の僧・明恵によって再興された世界文化遺産・高山寺。膨大かつ貴重な文化財を今に伝える寺宝の中でも、選りすぐりの美術作品に着目し、その魅力を平易に紹介。個性豊かな作品から、多面的で斬新な信仰世界に迫る。

城割の作法　一国一城への道程

福田千鶴著

四六判・二八八頁／三〇〇〇円

戦国時代、降参の作法だった城割（しろわり）は、天下統一の過程で大きく変容する。信長から家康に至る破城政策、福島正則の改易や島原・天草一揆を経て、「一国一城令」となるまでの城割の実態に迫り、城郭研究に一石を投じる。

戦国大名北条氏の歴史　小田原開府五百年のあゆみ

小田原城総合管理事務所編・小和田哲男監修

A5判／一九〇〇円

十五世紀末、伊勢宗瑞（早雲）が小田原に進出。氏綱が北条を名乗ると、小田原を本拠に屈指の戦国大名に成長した。氏康～氏直期の周辺国との抗争・同盟、近世小田原藩の発展にいたる歴史を、図版やコラムを交え描く。二五二頁

映し出されたアイヌ文化　英国人医師マンローの伝えた映像

国立歴史民俗博物館監修・内田順子編

A5判／一九〇〇円

明治期に来日した英国人医師マンローは、医療の傍ら北海道でアイヌ文化を研究し、記録した。伝統的な儀式「イヨマンテ」、道具や衣服、祈りなどの習俗を映画・写真資料で紹介。アイヌの精神を伝える貴重なコレクション。一六〇頁

日本史を学ぶための図書館活用術　辞典・史料・データベース

浜田久美子著

四六判・一九八頁／一八〇〇円

日本史を初めて学ぶ人に向けて、図書館にある辞典や年表、古代・中世史料の注釈書などの特徴と便利な活用方法をわかりやすく解説。データベース活用法も交えた、学生のレポート作成をはじめ幅広く役立つガイドブック。

日本女性史大辞典
金子幸子・黒田弘子・菅野則子・義江明子編
四六倍判
九六八頁
二八〇〇〇円

日本仏教史辞典
今泉淑夫編
四六倍判・一三〇六頁／二〇〇〇〇円

事典日本の仏教
蓑輪顕量編
四六判・五六〇頁／四二〇〇円

神道史大辞典
薗田　稔・橋本政宣編
四六倍判・一四〇八頁／二八〇〇〇円

有識故実大辞典
鈴木敬三編
四六倍判・九一六頁／一八〇〇〇円

日本民俗大辞典　上・下（全2冊）
福田アジオ・神田より子・新谷尚紀・中込睦子・湯川洋司・渡邊欣雄編
四六倍判
上＝一〇八八頁・下＝一一九八頁／揃価四〇〇〇〇円（各二〇〇〇〇円）

精選日本民俗辞典
菊判・七〇四頁
六〇〇〇円

事典神社の歴史と祭り
岡田莊司・笹生　衛編
A5判・四一二頁・原色口絵四頁／三八〇〇円

事典古代の祭祀と年中行事
岡田莊司編
A5判・四四六頁・原色口絵四頁／三八〇〇円

年中行事大辞典
加藤友康・高埜利彦・長沢利明・山田邦明編
四六倍判
八七二頁
二八〇〇〇円

日本生活史辞典
木村茂光・安田常雄・白川部達夫・宮瀧交二編
四六倍判
八六二頁
二七〇〇〇円

大石　学編

徳川歴代将軍事典
菊判・八八二頁／一三〇〇〇円

江戸幕府大事典
菊判・一一六八頁／一八〇〇〇円

近世藩制・藩校大事典
菊判・一一六八頁／一〇〇〇〇円

奈良古社寺辞典
四六判・三六〇頁・原色口絵八頁／二八〇〇円

京都古社寺辞典
四六判・四五六頁・原色口絵八頁／三〇〇〇円

鎌倉古社寺辞典
四六判・二九六頁・原色口絵八頁／二七〇〇円

吉川弘文館編集部編

飛鳥史跡事典
木下正史編
四六判・三三六頁／二七〇〇円

世界の文字の図典【普及版】
世界の文字研究会編
菊判・六四〇頁／四八〇〇円

花押・印章図典
瀬野精一郎監修・吉川弘文館編集部編
B5横判 二七〇頁 三三〇〇円

日本史年表・地図
年表部分が読みやすくなりました
児玉幸多編
B5判・一三八頁／一三〇〇円

日本の食文化史年表
江原絢子・東四柳祥子編
菊判・四一八頁／五〇〇〇円

日本メディア史年表
土屋礼子編
菊判・三六六頁・原色口絵四頁／六五〇〇円

日本軍事史年表 昭和・平成
吉川弘文館編集部編
菊判・五一八頁／六〇〇〇円

誰でも読める【ふりがな付き】日本史年表 全5冊
吉川弘文館編集部編
菊判・平均五二〇頁

古代編 五七〇〇円
中世編 四八〇〇円
近世編 四六〇〇円
近代編 四二〇〇円
現代編 四二〇〇円
全5冊揃価＝二三五〇〇円

第11回学校図書館出版賞受賞

世界史年表・地図
亀井高孝・三上次男・林 健太郎・堀米庸三編
B5判 二〇六頁 一四〇〇円

日本史総合年表 第三版

加藤友康・瀬野精一郎・鳥海 靖・丸山雍成編

旧石器時代から令和改元二〇一九年五月一日に至るまで、四万一〇〇〇項目を収録。便利な日本史備要と詳細な索引を付した画期的編集。『国史大辞典』別巻

四六倍判・一二九二頁／一八〇〇〇円　『内容案内』送呈

モノのはじまりを知る事典 生活用品と暮らしの歴史

木村茂光・安田常雄・白川部達夫・宮瀧交二著　四六判／二六〇〇円

私たちの生活に身近なモノの誕生と変化、名前の由来、発明者などを通史的に解説。人がモノをつくり、モノもまた人の生活と社会を変えてきた歴史がわかる。豊富な図版や索引を収め、調べ学習にも最適。二七二頁

沖縄戦を知る事典 非体験世代が語り継ぐ

吉浜 忍・林 博史・吉川由紀編　A5判／二四〇〇円

「鉄の暴風」が吹き荒れた沖縄戦。その戦闘経過、住民被害の様相、「集団自決」の実態など、六七項目を収録。豊富な写真が体験者の証言や戦争遺跡・慰霊碑などの理解を高め、〝なぜ今沖縄戦か〟を問いかける。二二二頁

事典 日本の年号

小倉慈司著　四六判・四五四頁／二六〇〇円

大化から令和まで、二四八の年号を確かな史料に基づき平易に紹介。年号ごとに在位した天皇、改元理由などを明記し、年号字の典拠やその訓みを解説する。地震史・環境史などの成果も取り込んだ画期的〈年号〉事典。

令和新修 歴代天皇・年号事典

米田雄介編　四六判・四六四頁／一九〇〇円

令和改元に伴い待望の増補新修。神武天皇から今上天皇までを網羅し、略歴・事跡、各天皇の在位中に制定された年号等を収める。皇室典範特例法による退位と即位を巻頭総論に加え、天皇・皇室の関連法令など付録も充実。

予約募集

7月刊行開始

戦争孤児たちの戦後史 全3巻

〈第1回配本〉❶総論編…浅井春夫・川満 彰編

浅井春夫・川満 彰・本庄 豊・平井美津子・水野喜代志 編

A5判／各二二〇〇円

日本宗教史 全6巻

〈第1回配本〉❸宗教の融合と分離・衝突…伊藤 聡・吉田一彦編

〈企画編集委員〉伊藤 聡・上島 享・佐藤文子・吉田一彦

A5判／各三八〇〇円

郵便はがき

料金受取人払郵便

本郷局承認

4173

差出有効期間
2022年7月
31日まで

113-8790

東京都文京区本郷7丁目2番8号

吉川弘文館 行

愛読者カード

本書をお買い上げいただきまして、まことにありがとうございました。このハガキを、小社へのご意見またはご注文にご利用下さい。

お買上**書名**

＊本書に関するご感想、ご批判をお聞かせ下さい。

＊出版を希望するテーマ・執筆者名をお聞かせ下さい。

お買上書店名	区市町	書店

◆新刊情報はホームページで　http://www.yoshikawa-k.co.jp/

◆ご注文、ご意見については　E-mail:sales@yoshikawa-k.co.jp

通寺城（香川県綾歌郡宇多津町）や藤尾城（香川県高松市）を落とし、十月には阿波から進んだ元親と合流して十河城（香川県高松市）を攻めるが、虎丸城とともに陥落できずに秀吉の四国征服を迎えることになる。

本能寺の変後の西日本——エピローグ

本能寺の変後の羽柴（のちに豊臣）秀吉による西日本征服過程は、第9巻『天下人の誕生と戦国の終焉』で詳述されるが、本書でも、これまでの流れの延長線上にその過程を見通し、まとめにかえることとしたい。

毛利氏の豊臣大名化

毛利氏が備中高松城の講和以後、畿内に戻る秀吉を追撃しなかったことは、間接的に山崎合戦での秀吉の勝利に貢献した。毛利氏はその一方で、織田方に寝返った勢力に対しては攻勢をとった。天正十年（一五八二）九月には東伯耆の羽衣石城を攻撃し、南条元続を敗走させた。八月には来島通昌攻撃強化のために援軍を送り、翌年三月には通昌が来島を退去し京都に逃れた。その後の信長後継者争いにおいては、毛利氏は秀吉との友好的関係を維持しつつ、柴田勝家からの連携要請にも吉川元春を通じて応じる旨を伝えており、実質的には静観を決め込む形となった。

高松城の講和で棚上げにされていた国境画定の交渉は、安国寺恵瓊や蜂須賀正勝・黒田孝高を使いとして進められたが、賤ヶ岳合戦に勝利した秀吉は強圧的態度に出て、美作・備中・伯耆の割譲や元続・通昌の帰国を受諾しなければ、再攻撃も辞さずと毛利方に迫った。割譲対象地域の国衆たちの抵抗もあり、毛利方は容易に応じられなかったが、小牧・長久手の戦いで秀吉と徳川家康・織田信雄との講和が成立すると、もはや圧力に抗することは不可能となり、天正十三年正月、伯耆の東部・美作・備中の高梁川以東の割譲という形で、国分協定が成立することとなった。これにより、南条元続は羽衣石城に復帰し東伯耆三郡を回復した。

毛利氏は、直後の秀吉による四国征服、翌天正十四年の九州征服に参加した。さらに天正十六年には、輝元が上洛して秀吉の臣下となり、全領国を対象としてはじめて実施した惣国検地が終了した天正十九年三月に、その結果をうけた秀吉の領知朱印状が発給され、知行高百十二万石の豊臣大名毛利氏が正式に成立した。

長宗我部氏と豊臣権力

羽柴秀吉は織田信長の四国制覇路線を継承し、山崎合戦勝利後、淡路を抑えていた家臣の仙石秀久に、十河存保の救援のため阿波に渡海するよう命じた。戦況悪化により羽柴方は阿波から撤退し、長宗我部元親は秀吉と対立する柴田勝家・織田信孝と連携する路線を選んだ。天正十一年（一五八三）に入ると、元親は再び讃岐の三好方に対する攻勢を強化し、虎丸城を包囲した。四月には救援のため渡海してきた仙石秀久の軍勢と、大内郡引田（香川県東かがわ市）で合戦におよんだが、多勢にものをいわせて仙石勢を海に追い落とした。しかし、ちょうどこの日に賤ヶ岳の戦いで勝家が敗れたため、元親は対秀吉戦略の練り直しを迫られた。

元親が次に連携相手としたのは、徳川家康・織田信雄だった。天正十二年三月、家老三人を秀吉との内通の疑いで切腹させた信雄は、元親に協力を要請する書状を送り、淡路への出兵による後方攪乱を求めた。元親は、六月に十河存保の籠もる十河城を攻略し、存保を虎丸城へと追いやった。知らせを聞いた家康は、さらに淡路・播磨・摂津への進出を依頼したが、阿波・讃岐で三好方の土佐泊城・虎丸城が依然落とせていなかったことと、伊予方面での河野・毛利方への攻勢を強化したことにより、応じることができなかった。

伊予に関して長宗我部氏は、毛利氏と対織田戦で共通の立場にあったため、対立関係にありながら正面から敵対することはなかった。しかし、毛利氏と羽柴氏の講和が成立すると、状況は変わった。この年六月、河野通直が安芸に渡り、毛利輝元と会見して軍事援助強化を要請しているが、九月、戦死した久武親信に替わり長宗我部氏の伊予方面担当者となっていた弟の親直は、宇和郡の深田城（愛媛県北宇和郡鬼北町）を攻略し、さらに西園寺氏の拠る黒瀬城（愛媛県西予市）も陥落させた。

こうして、伊予でも長宗我部氏の勢力は拡大したが、再び中央での政局変化に振り回されることとなった。小牧・長久手の戦いを経て十一月に家康・信雄との講和を成立させた秀吉は、翌天正十三年三月、対秀吉包囲網に参加していた紀伊の根来寺・雑賀衆を攻撃し降伏させた。次は長宗我部氏を攻める番だった。ここにいたって元親は秀吉に使者を送り、阿波・讃岐の放棄を条件に和平を申し出たが、秀吉は伊予を求める毛利氏に配慮して、申し出を拒絶し四国出兵に踏み切った。そして六月、羽柴秀長率いる本隊が阿波に、宇喜多秀家・蜂須賀家政・黒田孝高らが讃岐に、小早川隆景・吉川元春が率いる毛利勢が伊予に上陸した。羽柴方の圧倒的攻勢の前に、元親は八月、土佐一国の安堵を条件に降伏した。ただちに「四国国分」が行われ、約束どおり土佐は長宗我部元親に安堵されたが、阿波は蜂須賀家政、讃岐は仙石秀久に与えられ、十河存保は仙石の与力となり、伊予は小早川隆景に与えられた。そして彼らは、続く九州征服の尖兵として働かされることになる。

島津氏と豊臣権力

羽柴秀吉は、四国征服途上の天正十三年（一五八五）七月、関白に就任し、姓も豊臣に改めた。これを機に秀吉は、「叡慮」（天皇の意思）を楯として、九州の抗争に介入を始めた。十月に島津氏と大友氏に対し、戦闘を停止し「国郡境目相論」（領土紛争）は秀吉の裁定に従うよう命じた文書を、「勅諚」と称して送り付けたのである。島津氏は、翌年正月に家臣の鎌田政広を秀吉のもとに送り、大友氏との戦いは大友側の日向・肥後侵入に対する自衛行為だとして、戦闘継続の意思を示した。また、秀吉の示した「国分」案は、大友氏に豊後・筑後と肥後・豊前の半国領有を認め、肥前は毛利氏に与え、筑前を秀吉直轄領とし、残りを島津分国として認めるというもので、九州全体を制圧する勢いにあった島津氏には受け入れがたかった。一方大友氏は、四月に義鎮が上洛して「国分」案を受け入れるとともに秀吉の救援を仰いだ。こうなると、大友氏と敵対を続けていた毛利氏も、島津氏との連携を絶たざるをえなくなり、大友氏との間で和睦を成立させ、島津氏討伐に参加することとなった。すると、島津方となっていた筑前・肥前などの勢力に動揺が生まれ、勝尾城（佐賀県鳥栖市）に拠る筑紫広門は大友方に転向した。

そこで島津勢は七月、勝尾城を攻めて広門を降伏させ、さらに筑前に侵攻して高橋鎮種が守る岩屋・宝満城を攻めた。激戦を経て両城を陥落させたものの、鎮種の息子立花統虎の守る立花城には毛利氏からの援軍も入っており、攻略できずに筑前を撤退した。九月には豊臣方の先鋒として、仙石秀久・長宗我部元親・十河存保ら四国勢が豊後に到着、十月には毛利輝元が率いる軍勢が門司に上陸し、高橋元種が拠る香春岳城など島津方の諸城を攻略した。これに対し島津氏は、肥後方面と日向方面から豊後に侵入し、十二月には府内に近い鶴賀城（大分市）を攻めた。大友義統は豊臣方の先鋒とともに救援に赴いたが、仙石秀久が主張した戸次川（大分市）の渡河作戦が失敗、長宗我部信親・十河存保らが戦死する大敗を喫した。翌日には島津軍が府内に入城し、義統は豊前龍王城（大分県宇佐市）に逃れた。

翌天正十五年三月一日、いよいよ秀吉率いる八万の本隊が大坂を出発、三月末に九州に上陸すると、島津軍は総退却に移った。豊臣軍は二手に分かれ、秀長率いる大友・毛利・宇喜多勢は日向に向かい、秀吉率いる本隊は肥後へ向かった。秀吉は途中で古処山城（福岡県朝倉市）に拠る秋月種実を戦わずして降伏させ、秀長は日向高城攻撃の際に島津義久・義弘率いる軍勢の夜襲を受けるが撃退、五月八日、剃髪した義久が秀吉の本陣を訪れ降伏を申し出た。

秀吉は薩摩からの帰途、博多で「九州国分」を行い、島津氏には薩摩・大隅・日向諸県郡、大友氏には豊後一国を安堵した。ほかの九州諸将にも、立花宗虎に下筑後四郡、龍造寺政家に肥前四郡などの所領が与えられたが、その一方で、筑前などが小早川隆景領、肥後が佐々成政領、豊前六郡が黒田孝高領となり、多くの直轄領が設定されるなど、朝鮮侵略を見通した新たな所領配置も行われた。

これにより、九州までの西国は再び中央政権の権力編成下に属することとなった。しかしそれは、室町幕府―守護体制とは異なり、戦国争乱を通じて形成された地域社会と政治権力の強い結びつきを基礎とする国家体制だった。もう一つ、注目すべき変化があった。九州征服を達成した秀吉は、対馬の宗義調に対し、朝鮮国王に上洛を要求する使者を派遣するよう命じた。また、直後にはバテレン追放令を発している。さらに翌年には海賊取締令を発しており、東アジアやヨーロッパとの外交・貿易などの交流を、国家的統制下に置く意図が明瞭に示されている。これらは、それまで独自の外交・貿易を進めてきた西国の諸勢力にとっては、大きな方向転換を迫るものだった。これらの変化により、西国社会は戦国から近世へと移行していくことになるのである。

あとがき

本巻で、私が執筆した戦国時代通史は三冊目となる。いずれも吉川弘文館から刊行されたシリーズの一巻で、他の二冊は『戦国大名と一揆』(日本中世の歴史6、二〇〇九年)と『東国の戦国争乱と織豊権力』(動乱の東国史7、二〇一二年)である。

一冊目では、享徳の乱から織豊権力による全国制覇戦開始直前まで、列島全体を舞台として総論的に概観した。二冊目では、小田原北条氏の二代目氏綱から滅亡まで、「東国」(関東地方)を舞台として政治史を中心にかなり詳述した。そして本巻では、厳島合戦のころから織豊権力の直接侵出直前まで、西日本を舞台としてこれも政治史を中心にかなり詳述した。これにより、私自身の戦国時代通史執筆は、いちおう完結することになる。

約十年で三冊とは、よく書いたものだと自分でもあきれるが、出版社からお誘いがあったというだけでなく、私なりの考えがあって、通史執筆に意欲を燃やしたともいえる。

歴史学の今日的有用性として、過去の教訓を提供することがよく挙げられる。東日本大震災が発生すると、貞観十一年(八六九)に起きた大地震など災害の歴史が注目され、昨今の新型コロナウイルス流行では、一九一八～二〇年のスペイン風邪など感染症の歴史への関心が高まっている。これらの社会的関心に、歴史学が応えなければならないことはいうまでもない。

同時に、歴史学固有の役割という観点からすると、現在の社会の歴史的位置、いいかえれば、私たちはどこから来てどこに行こうとしているのかを、明らかにすることが基本に据えられるべきだろう。それは、人類社会のさまざまな側面についてなされるべきだが、その作業のトータルな最終成果として、通史叙述があると考えるのである。災害や疾病の歴史も、社会との相互関係——社会がどのような影響を受け、どのように対応し、自身およびそれらとの関係をどう変化させたのか——を明らかにすることにより、通史の中に位置づけられることになろう。

と、大風呂敷を広げてしまったが、もとより個人が一朝一夕に成しとげられる仕事ではない。とりあえず、自分の守備範囲で、せめて一石でも積み上げようと試みたにすぎない。とはいえ、「刊行のことば」でも強調したように、戦国時代は「史上まれに見る社会変動期」であり、日本列島はまさに内と外に向かってダイナミックに変動を続けていた。そこでの歴史展開の方向性を、通史として叙述することの意義は、とりわけ大きいのではないかと自負してもいる。

本巻の舞台である西日本は、私が大学院生時代から研究対象としてきた毛利領国が主要地域としてあり、また、毛利元就の評伝を書いたりもしていたので、それなりの「土地勘」はあったといえる。とはいえ、四国・九州まで舞台が広がったこともあり、あらためて先行研究から多くを学ばせていただいた。

そのなかで、争乱の基礎をなす社会状況、とりわけ私が重要と考える土地紛争・流通トラブルについて、いろいろな事例を学ぶことができたのは収穫だった。この時期の東アジア共通の動向として、小農社会の成立が指摘されているが、二冊目の「あとがき」にも書いたように、西日本と東日本に共通面が存在したことを確認する、良い機会になったと思う。

同時に、西日本と東日本の違いについても、あらためて感じるところがあった。何よりも、西日本各地域の東アジア諸地域との直接的結びつきの強さである。とりわけ本巻の対象時期においては、明による海禁が破綻して冊封体制的国家間秩序が崩れ、益田・毛利・宗・松浦・大友・島津氏などの地域勢力による、独自の外交・貿易が活発に展開しており、この特徴は顕著に表れている。岸田裕之氏が著書『大名領国の経済構造』（岩波書店、二〇〇一年）でも述べておられるように、それが地域権力の京都・京都政権からの「遠心性」・自立性をもたらす大きな一因となっていたのである。

これと関わって、西日本では海上を通じた交通・流通が隆盛を極め、島津・大友氏や河野・一条・毛利氏など各地域権力間の連携や対立の関係が、これにより広域的に形作られていたこと、能島・来島村上氏など瀬戸内海を縦横に動く水軍の動向が、大きな鍵を握っていたことも特徴である。

「列島の戦国史」の立場からすると、足利幕府の全国支配の弱体化とともに進んだ各地域の自立的動きが、東アジア他地域との関係のあり方により、独自の個性的展開をとげることが注目される。統一政権の全国制覇による外交・貿易権の掌握が、それをどのように変えていくのかが、次に考えるべき課題として浮かび上がってきたように思われる。

二〇二〇年六月十日

池　享

参考文献

秋山伸隆『戦国大名毛利氏の研究』(吉川弘文館、一九九八年)
安里進ほか『沖縄県の歴史』(山川出版社、二〇〇四年)
池　享『大名領国制の研究』(校倉書房、一九九五年)
池　享『知将・毛利元就』(新日本出版社、二〇〇九年)
池　享『日本中世の歴史6　戦国大名と一揆』(吉川弘文館、二〇〇九年)
池　享『戦国期の地域社会と権力』(吉川弘文館、二〇一〇年)
池　享編『銭貨―前近代日本の貨幣と国家―』(青木書店、二〇〇一年)
池上裕子ほか編『クロニック戦国全史』(講談社、一九九五年)
伊東久之「戦国時代における地方文化と京都」(日本史研究会史料研究部会編『中世日本の歴史像』創元社、一九七八年)
大山智美「戦国大名島津氏の交通統制策と地頭衆中制」(『地方史研究』三九一、二〇一八年)
鹿毛敏夫『戦国大名の外交と都市・流通』(思文閣出版、二〇〇六年)
鹿毛敏夫『アジアン戦国大名大友氏の研究』(吉川弘文館、二〇一一年)
勝俣鎮夫『戦国法成立史論』(東京大学出版会、一九七九年)
加藤益幹「戦国大名毛利氏の奉行人制について」(『年報中世史研究』三、一九七八年)

川岡勉・古賀信幸編『日本中世の西国社会2　西国における生産と流通』（清文堂、二〇一一年）
川岡勉・西尾和美『伊予河野氏と中世瀬戸内世界』（愛媛新聞社、二〇〇四年）
川添昭二ほか『福岡県の歴史』（第2版、山川出版社、二〇一〇年）
菊池浩幸「戦国大名毛利氏と兵糧—戦国大名領国の財政構造の特質—」（『一橋論叢』一二三—六、二〇〇〇年）
岸田裕之『大名領国の経済構造』（岩波書店、二〇〇一年）
桑波田興「戦国大名島津氏の軍事組織について—地頭と衆中—」（『九州史学』一〇、一九五八年）
小葉田淳『日本鉱山史の研究』（岩波書店、一九六八年）
三卿伝編纂所編『毛利輝元卿伝』（マツノ書店、一九八二年）
三卿伝編纂所編『毛利元就卿伝』（マツノ書店、一九八四年）
鈴木敦子『日本中世社会の流通構造』（校倉書房、二〇〇〇年）
高瀬弘一郎「キリシタンと統一権力」（『岩波講座日本歴史9　近世1』岩波書店、一九七五年）
高瀬弘一郎「イエズス会日本管区」（『岩波講座日本通史11　近世1』岩波書店、一九九三年）
鳥取県『鳥取県史2　中世』（一九七三年）
豊田寛三ほか『大分県の歴史』（山川出版社、一九九七年）
西尾和美『戦国期の権力と婚姻』（清文堂、二〇〇五年）
長谷川博史『戦国大名尼子氏の研究』（吉川弘文館、二〇〇〇年）
平井上総『長宗我部元親・盛親』（ミネルヴァ書房、二〇一六年）
広島県『広島県史通史編Ⅱ　中世』（一九八四年）

福島金治「戦国大名島津氏と老中」(『九州史学』六八、一九七九年)
本多博之『天下統一とシルバーラッシュ』(吉川弘文館、二〇一五年)
松浦義則「戦国大名毛利氏の領国支配機構の進展」(『日本史研究』一六八、一九七六年)
三重野誠『大名領国支配の構造』(校倉書房、二〇〇三年)
光成準治『毛利輝元』(ミネルヴァ書房、二〇一六年)
村井章介『世界史のなかの戦国日本』(ちくま学芸文庫、二〇一二年)
山口県『山口県史通史編　中世』(二〇一二年)
山本浩樹『戦争の日本史12　西国の戦国合戦』(吉川弘文館、二〇〇七年)
米谷　均「後期倭寇から朝鮮侵略へ」(池享編『日本の時代史13　天下統一と朝鮮侵略』吉川弘文館、二〇〇三年)

略年表

年号	西暦	事項
天文　五	一五三六	九月、肥前少弐資元が周防大内義隆に敗死する。
天文　八	一五三九	三月、薩摩島津貴久（伊作家）が島津実久（薩州家）を破り本宗家を継ぐ。
天文　十	一五四一	正月、出雲尼子晴久が安芸毛利氏の郡山城を攻め撃退される。
天文　十一	一五四二	五月、周防大内義隆が尼子氏の出雲富田月山城を攻め撃退される。六月、伊予河野通直が重臣たちにより追放される。
天文　十二	一五四三	八月、ポルトガル人が種子島に漂着し鉄炮を伝える。
天文　十三	一五四四	四月、対馬の倭寇が朝鮮沿岸を襲撃する（蛇梁倭変）。十一月、毛利元就の三男隆景が安芸竹原小早川家の養子となる。この年、筑前西山五ヶ村が共同用益地の利用権をめぐり領主の聖福寺と争う。
天文　十六	一五四七	二月、朝鮮王朝と日本（対馬宗氏）の間で丁未約条が結ばれる。二月、毛利元就の二男元春が安芸吉川家の養子となる。
天文　十七	一五四八	この年、島津貴久が大隅正八幡宮の社殿を復興する。この年、明の浙江巡撫朱紈が倭寇を弾圧し、王直が肥前五島に逃れる。
天文　十八	一五四九	四月、室町幕府最後の遣明使が世宗に謁見する。六月、島津氏と大隅肝付氏との戦いで日本ではじめて鉄炮が使用される。七月、イエズス会宣教師フランシスコ・ザビエルが薩摩鹿児島に上陸する。

天文 十九	一五五〇	二月、豊後大友氏二階崩れの変が起きる。六月、ポルトガル船がはじめて肥前平戸に来航する。七月、毛利氏重臣の井上氏一族が殺害される。八月、肥後菊池氏の隈本城が大友氏により落とされる。十二月、島津貴久が鹿児島内城に入る。十二月、ザビエルが鹿児島から平戸、次いで京都に向かう。
天文 二十	一五五一	四月、ザビエルが周防山口で大内義隆に謁見する。八月、周防陶隆房（のちの晴賢）が大友晴英（のちの大内義長）を擁し、主人の大内義隆を滅ぼす。十月、ザビエルが豊後からゴアへ帰還する。
天文二十一	一五五二	三月、尼子氏が出雲杵築に対し法度を公布する。四月・六月、尼子晴久が中国地方八か国の守護職を獲得する。十二月、イエズス会宣教師コスメ・デ・トルレスが山口で日本初のクリスマスミサを行う。
天文二十二	一五五三	六月、阿波三好実休が主人の守護細川持隆を殺害し、息子の細川真之を後継に据える。九月、毛利氏が軍法書を発布する。
天文二十三	一五五四	五月、毛利元就が陶晴賢と決別し、安芸の陶方諸城を接収する。十一月、尼子晴久が一族の新宮党を粛清する。
天文二十四	一五五五	二月、肥後相良晴広が法度を制定する。五月、対馬の倭寇が朝鮮沿岸を襲う（達梁倭変）。十月、毛利元就が安芸厳島で陶晴賢を破る（厳島合戦）。
弘治 二	一五五六	七月、明の宣諭使鄭舜功が豊後を訪れ、倭寇の鎮圧を要請する。
弘治 三	一五五七	四月、毛利氏が周防・長門征服を完了する。四月、島津貴久が大隅蒲生・薩摩菱刈氏を破り、大隅西部を制圧する。四月、朝鮮王朝と日本（対馬宗氏）の間で丁巳約条が結ばれる。七月、大友氏が反抗する筑前秋月種実・筑紫惟門らを追う。十一月、王直が明の浙江巡撫胡宗憲に降伏し、のちに舟山本島で斬首される。十二月、毛利氏と安芸国衆が軍事行動に関する傘連判形式の起請文を作成する。この年、明王朝がポルトガル人に澳門での居住・商業活動を許す。

年号	西暦	事項
永禄 二	一五五九	二月、秋月種実・筑紫惟門らが筑前に再上陸し、居城を回復する。二月、毛利氏が備中三村家親救援のため出陣する。五月、毛利氏が石見小笠原長雄を降伏させる。この年、豊前門司城をめぐり大友氏と毛利氏が攻防戦を展開する。
永禄 三	一五六〇	十二月、尼子晴久が死去する。この年、毛利氏が周防山代で検地を実施する。この年、安芸玖波村と黒川村の間で境目の山の利用をめぐり紛争が起きる。
永禄 四	一五六一	十二月、毛利氏と尼子氏の間で和平が成立する（芸雲講和）。
永禄 五	一五六二	二月、石見福屋隆兼が毛利氏に背いて敗れ、一族・家臣が殺害される。七月、毛利氏が出雲に侵攻し月山城を孤立させる。九月、大友氏が豊前松山城への攻勢を強化する。この頃、尼子氏家臣多胡辰敬が家訓を作成する。
永禄 六	一五六三	正月、土佐長宗我部元親が本山茂辰を朝倉城から追う。三月、毛利氏と大友氏の間で和平が成立する（芸豊講和）。この年、毛利氏が伯耆・因幡に攻勢をかける。この年、阿波三好氏が讃岐天霧城の香川之景を降伏させる。この年、肥前大村純忠が受洗し初のキリシタン大名となる。
永禄 九	一五六六	十一月、尼子氏が毛利氏に降伏する。
永禄 十	一五六七	この年、明が海禁を解き福建の月港が開港する。この年、長宗我部元親が土佐神社の再興事業を開始する。
永禄 十一	一五六八	三月、毛利氏が河野氏救援のため伊予に出兵する。六月、日向伊東義祐が島津氏から飫肥城を奪回する。七月、毛利氏が北九州に攻勢をかける。
永禄 十二	一五六九	五月、筑前立花城の籠城衆が毛利氏に降伏する。六月、尼子勝久・山中幸盛らが出雲で挙兵する。八月、長宗我部元親が土佐安芸城を落とす。十月、大内輝弘が周防に侵入し山口を占拠する。十一月、毛利氏が立花城から撤退する。この頃、備前・備中・美作で備前浦上方と

		毛利方の抗争が続く。
元亀 元	一五七〇	正月、毛利氏が出雲で反攻に入る。八月、大友氏が肥前龍造寺隆信の佐嘉城の攻撃に失敗する。
元亀 二	一五七一	五月、阿波三好氏配下の篠原長房が浦上氏を救援し小早川水軍を破る。六月、毛利元就が死去する。八月、尼子勝久・山中幸盛らが敗北し出雲から逃亡する。十二月、安芸厳島神社本社殿の大造営が完成し遷宮が行われる。この年、ポルトガル船の来港先が肥前長崎に移転する。
元亀 三	一五七二	五月、島津氏が日向木崎原で伊東氏を破る。
天正 元	一五七三	七月、阿波篠原長房が主人の三好長治により滅ぼされる。九月、土佐中村城主の一条兼定が隠居し嫡子内政が長宗我部元親の娘を嫁に迎える。九月、尼子勝久・山中幸盛らが因幡で再起する。
天正 二	一五七四	四月、備前宇喜多直家が毛利方につき、のちに浦上氏を播磨に追う。十月、宇喜多氏と敵対する三村元親が大友方に転じ、翌年毛利氏により滅ぼされる。
天正 三	一五七五	三月、島津氏が儀礼などに関し琉球国王の使節を糾問する（紋船一件）。七月、長宗我部元親が中村城奪回を目指した一条兼定を渡川で破る（長宗我部氏による土佐統一の完成）。この頃、肥前松浦隆信・大村純忠・有馬鎮貴（晴信）らが龍造寺隆信に服属する。
天正 四	一五七六	二月、足利義昭が備後鞆浦に上陸し毛利氏に幕府再興援助を要請する。五月、尼子勝久・山中幸盛らが因幡若桜鬼城を退去する。七月、毛利水軍が石山本願寺に兵粮米を搬入し木津川口で織田方を破る。
天正 五	一五七七	三月、三好長治が阿波一宮城主小笠原成祐に攻められ戦死する。三月、毛利輝元が播磨での戦いに向け出陣する。五月、小早川水軍が播磨英賀で小寺孝隆（黒田孝高）の兵に敗れる。十二月、織田信長の部将羽柴秀吉が播磨上月城を攻略し尼子勝久・山中幸盛らを入れる。十二月、伊東義祐が日向佐土原城を退去し大友氏のもとに逃れる。この年、長宗我部元親が阿

年号	西暦	事項
		波海部城を攻略する。
天正　六	一五七八	正月、十河存保が阿波三好氏の家督を継ぐ。二月、播磨三木城の別所長治が織田方から毛利方に転向する。四月、大友氏が日向松尾城の土持氏を滅ぼし、伊東氏旧臣が日向石城で挙兵する。七月、播磨上月城が陥落し尼子勝久が自害する。九月、大友義鎮がキリスト教に入信し日向務志賀で教会建設にとりかかる。十月、摂津有岡城の荒木村重が織田方から毛利方に転向する。十一月、九鬼嘉隆率いる織田水軍が木津川口で毛利水軍に勝利する。十一月、日向高城付近の河原で大友方が島津方に大敗を喫す（耳川の合戦）。十一月、筑後蒲池鎮並・田尻鑑種が大友方から龍造寺方に転向する。十二月、秋月種実が英彦山を焼き討ちする。この年、長宗我部元親が阿波白地城の大西氏を追う。この年、讃岐香川信景が長宗我部元親と同盟を結ぶ。この年、大友義鎮が「大明古道」に領国内の港での免税特権を与える。
天正　七	一五七九	正月、毛利氏家臣杉重良が豊前で反乱を起し鎮圧される。六月、毛利方の丹波波多野秀治の居城八上城が織田信長の部将明智光秀により落とされる。九月、荒木村重が有岡城から尼崎城に移り、有岡城は陥落する。九月、伯耆南条元続が毛利方から織田方に転向する。九月、宇喜多直家が毛利方から織田方に転向する。十二月、毛利輝元が宇喜多方の美作四畝城を奪取する。この年、伯耆三朝郷内の境界争いを領主の南条元続が裁く。
天正　八	一五八〇	正月、三木城が陥落し、別所長治が自刃する。一月・閏三月、大友氏一族の田原親貫・重臣の田北紹鉄が相次いで反乱を起こす。四月、本願寺法主顕如が石山を退去する。七月、荒木村重が安芸に逃亡する。八月、石山本願寺に残っていた教如が織田方に降伏する。八月、因幡鳥取城主山名豊国の重臣たちが羽柴秀吉に降伏した豊国を追放する。十二月、毛利方の武将が美作祝山城を退去する。この年、肥前有馬でセミナリヨが、豊後府内でコレジヨが開校する。

天正 九	一五八一	三月、三好康長が阿波に入り息子式部少輔を織田方に引き込む。五月、龍造寺隆信が島津方に傾いた蒲池鎮並を滅ぼす。十月、吉川経家が自刃し、鳥取城が織田方に開城する。十二月、肥後相良義陽が島津氏に降伏し、響ヶ原で阿蘇氏重臣甲斐宗運と戦い戦死する。この年、大友氏が豊前宇佐神宮を焼き討ちする。
天正 十	一五八二	正月、伊東マンショら四人の少年がローマに派遣される（天正遣欧使節）。四月、来島水軍の村上通昌が毛利方から織田方に転向する。五月、羽柴秀吉が毛利方の備中高松城を水攻めする。五月、織田信長が息子信孝に四国出陣の準備をさせる。六月、明智光秀が主人の織田信長を滅ぼし（本能寺の変）、羽柴秀吉が明智光秀を滅ぼす（山崎合戦）。八月、長宗我部元親が阿波勝瑞城を攻略する。九月、毛利氏が南条氏の羽衣石城を落とす。この年、田尻鑑種・甲斐宗運・有馬鎮貴が龍造寺方から島津方へ転向する。
天正 十一	一五八三	三月、来島水軍の村上通昌が京都に逃れる。四月、長宗我部元親が阿波に上陸した羽柴秀吉部将の仙石秀久を破る。四月、羽柴秀吉が柴田勝家を滅ぼす（賤ヶ岳合戦）。
天正 十二	一五八四	三月、龍造寺隆信が肥前島原で島津氏と戦い戦死する（沖田畷合戦）。六月、長宗我部元親が讃岐十河城を攻略する。九月、大友氏が筑後猫尾城を攻略する。十一月、羽柴秀吉と徳川家康が戦い和睦を成立させる（小牧・長久手の戦い）。
天正 十三	一五八五	正月、毛利氏と羽柴氏の間で国分協定が成立する。七月、羽柴秀吉が関白となり豊臣姓を称す。八月、豊臣秀吉の軍勢が四国を攻撃し、長宗我部元親は降伏する。閏八月、肥後阿蘇氏が島津氏に降伏する。十月、豊臣秀吉が島津氏と大友氏に停戦を命じる。
天正 十四	一五八六	十二月、豊臣方の四国勢が豊後戸次川で島津方に大敗を喫す。
天正 十五	一五八七	五月、豊臣秀吉率いる軍勢が九州を攻撃し、島津義久は降伏する。
天正 十六	一五八八	七月、毛利輝元が上洛し豊臣秀吉の臣下となる。

著者略歴

一九五〇年、新潟県に生まれる

一九八〇年、一橋大学大学院経済学研究科博士課程単位取得退学

現在、一橋大学名誉教授

〔主要著書〕

『大名領国制の研究』（校倉書房、一九九五年）

『知将・毛利元就』（新日本出版社、二〇〇九年）

『日本中世の歴史6　戦国大名と一揆』（吉川弘文館、二〇〇九年）

『戦国期の地域社会と権力』（吉川弘文館、二〇一〇年）

『日本中近世移行論』（同成社、二〇一〇年）

『動乱の東国史7　東国の戦国争乱と織豊権力』（吉川弘文館、二〇一二年）

列島の戦国史6

毛利領国の拡大と尼子・大友氏

二〇二〇年（令和二）九月一日　第一刷発行

著　者　池（いけ）　享（すすむ）

発行者　吉川道郎

発行所　株式会社　吉川弘文館

郵便番号一一三—〇〇三三

東京都文京区本郷七丁目二番八号

電話〇三—三八一三—九一五一〈代表〉

振替口座〇〇一〇〇—五—二四四

http://www.yoshikawa-k.co.jp/

印刷＝株式会社　三秀舎

製本＝誠製本株式会社

装幀＝河村　誠

ISBN978-4-642-06853-6

列島の戦国史

1 享徳の乱と戦国時代　久保健一郎著 *
2 応仁・文明の乱と明応の政変　大薮　海著
3 大内氏の興亡と西日本社会　長谷川博史著 *
4 室町幕府分裂と畿内近国の胎動　天野忠幸著 *
5 東日本の動乱と戦国大名の発展　丸島和洋著
6 毛利領国の拡大と尼子・大友氏　池　享著 *
7 東日本の統合と織豊政権　竹井英文著
8 織田政権の登場と戦国社会　平井上総著
9 天下人の誕生と戦国の終焉　光成準治著

本体各2500円（税別）　毎月1冊ずつ配本予定　＊は既刊

吉川弘文館